고
수
의　언
어

고수의 언어

일과 삶을 고민하는 이들에게 건네는 따뜻한 조언

정은영 인터뷰집

북앤

머
리
말

    인터뷰는 대개 인터뷰이의 출발점을 되짚는 질문으로부터 시작
되었다. 인터뷰할 때마다, 질문을 던진 나도 종종 나만의 과정을 돌아
보곤 했다. 광고대행사에서 첫 직장 생활을 시작했고, 그 후 여러 군
데 외국계 회사 마케팅팀에서 근무했다. 브랜드 홍보와 PR을 주로 담
당했기에, 가는 곳마다 말 잘하는 사람들을 빈번하게 만났다. 그들과
좀 더 밀접한 관계로 엮여 일하기도 했다. 내가 몸담은 일터에는 유독
말의 달인, 말의 고수들이 넘쳐났다. 그들과 적잖은 시간 말을 섞으며
지내는 사이, 말은 내게도 하나의 필살기가 되었다. 타인을 설득해야
할 때, 마음을 얻어야 할 때 말은 나의 강점이자 무기라고 생각했다.

    그러다 보험회사에 입사해 10여 년을 지내보니, 내 말은 아무것
도 아니구나, 라는 생각이 들었다. '영업의 고수'를 만나 그들의 진솔
한 이야기를 듣고 나서는, 말의 형식과 순발력에만 집중하던 내 말솜
씨가 부끄러워졌다.

    보험영업은 영업 중에서도 가장 난도가 높다고 말한다. 눈에 보이
지 않는 무형의 상품을, 오직 말의 힘 하나로 고객의 신뢰를 얻고 판

매해야 하기 때문이다. 그래서 매년 수많은 보험설계사가 새롭게 영업을 시작하지만, 그중에서도 오랜 시간 꾸준히 높은 실적을 보여주는 영업의 고수는 많지 않다.

　보험영업, 아니 직종을 불문하고 영업을 시작하려는 사람들은, 혹은 그 어려움을 겪고 있는 사람들은 줄곧 궁금할 것이다. 무엇이 달라서, 그들은 오랫동안 고수의 자리를 지키고 있는지. 난 영광스럽게도 그들을 직접 만나 인터뷰하고 그들의 말솜씨를 직관하는 특혜를 누렸다. 그들은 진짜 말을 잘할까? 말만으로 이 자리에 올 수 있나? 어떤 점이 달라서 꾸준히 잘할 수 있는 걸까? 그 답을 찾기 위해, 6개월이 넘는 시간 동안 보험영업의 고수 스무 명을 만났다. 인터뷰는 보통 한 사람당 3시간이 넘도록 진행되었다. 그 과정은 때로는 재미있고, 마음이 아프고, 무릎을 치는 인사이트가 느껴지는 시간이었다.

　고백하건대, 많은 편견과 선입견들이 깎여나갔다. 부끄럽지만, 어느 정도 뻔한 답을 생각해놓고 접근하기도 했다. 가령, '친구나 가족 등 지인층이 두둑하겠지'라고 넘겨짚거나 '화려한 말솜씨나 외향적인 성격' 내지는 '이력이 말해주는 재무 관련 지식'에서 영업비결을 찾을 수 있으리라 지레짐작했다.

결론적으로, 고수의 영업은 높은 실적이라는 결과는 같았지만, 그에 이르는 방식은 달랐다. 어떤 이는 시간의 눈금을 잘게 쪼개서 하루를 더 길고 촘촘하게 활용하고, 다른 고수는 자신의 강점을 탐구해 이를 가장 잘 보여줄 수 있는 타깃에만 집중하기도 했다. 긴 안목으로 쉬운 길을 스스로 차단하고 더 큰 시장에 승부수를 던지는가 하면 고객과의 밀도 높은 피드백을 영업의 내비게이션으로 삼기도 했다.

한편으로 그 방식의 차이일 뿐 본질적으로 영업 고수를 만들어낸 재료는 다르지 않아 보였다. 듣기에 좋고 유려한 말솜씨가 아닌 진심이 담긴 메시지로 핵심을 전한다는 것. 그 바탕에는 사람에 대한 따뜻한 관심과 존중 그리고 직업에 대한 사명에 가까운 애정과 자부심이 깔려 있었다. 고수들에게 '말'은 단순히 메시지를 담는 '그릇'이 아니라 고객을 위해 마련한 다채로운 상품을 진심과 열정을 가지고 하나의 코스로 구성한 '정찬'이었던 것이다.

스무 명의 고수들의 이야기를 엮은 후 제목을 고민하는 데 적잖은 시간을 보냈다. 그 끝에 『고수의 언어』라는 제목으로 정했다. 고수는 단순히 말(word)로 차별화되지 않았다. 그들의 말, 태도, 신념, 눈빛, 이 모든 것이 어우러져 그들만의 언어(language)로 변환되고, 이럴 때 언어에는 말 그 이상의 힘이 실리게 된다. 수 겹의 세월 동안 담금질하고 다듬어 마침내 빚어낸, 한 사람의 삶을 집약한 총체적인 합이다. 그래서 이 책의 제목은 '고수의 말'이 아닌, '고수의 언어'로 자연스럽게 결정되었다.

　　어디선가 '무엇이 만들어질 때마다 시절이 덮인다'라는 문장을 본 적이 있다. 이 책을 준비하며 네 번의 계절과 그만큼의 시간이 그 어느 때보다 보람 있게 또 부피감 있게 덮였다. 말을 넘어선, 언어의 의미와 깊이를 알려준 스무 명의 영업 고수들에게 다시 한번 감사 인사를 드리며, 부디 독자들에게도 그들의 진정성이 전달되길 바란다.

정은영

차례

일러두기 : 이 책에 실린 인터뷰이의 연차는 2023년을 기준으로 합니다.

'숫자 0'은 다른 수들이 탄생하고도 수만 년이 지나서야 발명되었다. 기원전 300년 무렵 바빌로니아의 수학자들이 계산의 편의를 위해 '없음'을 표시하는 기호로 사용하기 시작했으며, 0을 나타내는 숫자가 최초로 등장한 건 876년 인도에서 만들어진 비문을 통해서였다. 우리가 알고 있는 숫자로서의 의미 외에도

조 인 범 의

숫자 영

수비학에서 0은 잠재성을 내포한 에너지를 나타내며, 더 높은 힘으로 가는 통로를 여는 상징성을 갖는다. 또한 0은 새로운 한 해가 시작되거나 로켓이 발사되는 순간, 폭죽이 터지는 순간 등 인류의 중요한 사건, 그 직전에 늘 존재했다. 5, 4, 3, 2, 1, 0!

조인범

0의 상태로 시작해 노력하는 만큼 결과값(실적)을 높여간다
는 '0up' 마인드로 일한다. 이를 보여주듯 2019년에는 하루
평균 약 2건씩의 계약을 체결해 연간 400건 이상이 넘는 실
적을 기록했으며, 이듬해 메트라이프생명 영업 챔피언 자리
에 올랐다.

"저는 '영업'은 '0up'이라는 말을 종종 합니다. 아무

것도 정해놓지 말고 아무것도 바라지 말고 아무런

기대 없이 움직이다 보면 0이라는 숫자가 업이 되어

결괏값으로 돌아올 거라고 믿습니다. 그 결괏값이 1

일지 5일지 100일지 그 이상일지는 본인의 노력에

따라 달라지는 거죠."

보험업은 언제 시작하셨나요?

2012년에 시작했으니, 햇수로 12년 차가 되었네요.

이전에 다른 일을 했었나요?

제가 했던 일을 다 이야기하자면 너무 많은 시간이 필요할 것 같아 '온갖 일'이란 말로 대신하겠습니다. 물론 그럴 수밖에 없는 상황이 있었죠. 부모님이 일찍 세상을 떠나시면서 열 살 때부터 생계에 직면했어요. 그때부터 할 수 있는 모든 일을 했습니다. 열서너 살 무렵에는 주말 새벽 5시에 일어나 일용직을 구하는 이들이 모이는, 인천 송림동 로터리의 인력 시장에 나가기도 했어요. 그렇게 하루하루 견디고 버텨내는 생활을 하다 보니 저절로 강해져야 한다는 강박이 자리 잡더군요. 뒤에서 지켜줄 누군가가 없다는 현실을 들키고 싶지 않아서 그랬을 거예요. 꾸준히 운동하며 친구들 사이에서 강하고 센 이미지를 만들었죠. 얼마나 열심히 했던지 고2 때는 태권도 사범으로도 일했어요. 그때 사범 생활을 하면서 중요한 기준 하나를 세우게 되었는데, 아무리 돈이 필요해도 노력과 명예보다 돈을 우선순위에 두진 않겠다는 거였어요.

⋯⋯⋯⋯⋯⋯ 태권도 사범은 그때까지 조인범이 해온 일 중 가장 번듯

고수의 언어

하고 안정적인 일자리였다. 그런데 그 일을 하면서 그는 이전까지 조금은 쉽게 닿을 수도 있겠다고 생각했던 진로 하나를 삶에서 열외로 해야 했다. 운동을 좋아하는 아이들의 미래를 열고 확장하기보다는, 그저 돈으로만 바라보는 몇몇 지도자들을 보면서 체육관 관장의 꿈을 접은 것이다. 직업의 기준 하나를 명확히 세웠다고 말한다면 너무 거창할까? 어쨌거나 그는 최소한 돈 버는 일과 관련해 넘지 말아야 할 선 하나는 분명하게 그었다. 돈이 노력과 명예의 가치를 대신할 수도, 훼손할 수도 없다는 것. 학업과 일을 병행하느라 고된 나날이었지만, 그 시기를 지나며 그는 공부만 했다면 아직은 몰랐을 돈에 대한 접근 방식을 배웠다.

보험업을 선택한 계기가 궁금해집니다.

대학생이 된 후에도 생계를 위한 '온갖 일'은 계속되었어요. 대학 등록금은 규모가 있다 보니 태권도 사범 외에 목욕탕 청소, 학습지 교사 등 더 많은 일을 해야 했죠. 보험업은 학사 장교 소위로 임관해 있을 때 처음 제안받았어요. 보험회사 팀장이라고 본인을 소개한 이가 '돈을 잘 벌 수 있다'는 유혹과 함께 이를 보여주려는 듯 외제 차를 끌고 다니며 3년을 권했죠. 저는 당장 돈이 필요한 사람이었지만, 앞서 말했듯 돈을 앞세우는 사람은 신뢰하지 않습니다.

보험에 관한 관심은 종합자산관리사(IFP, Insurance Financial Planner) 자격증 시험을 준비하는 과정에서 보험 분야를 공부하며 생겨나기 시작했어요. 어렴풋하게나마 보험업의 가치를 발견했달까요. 이와는 별개로, 보험업을 시작해야겠다고 마음먹는 건 저 역시 쉽지 않았어요. 그때만 해도 주변에 상의할 어른이 마땅히 없다 보니 중요한 결정을 앞둘 때마다 부모님 산소를 찾곤 했습니다. 당시에도 고민이 길어지면서 부모님 산소에 가서 "보험업을 해도 될까요?" 여쭀는데, 순간 온몸에 소름이 돋더라고요. 그게 저한테는 '한번 해봐도 된다'는 부모님의 응답으로 읽혔어요. 더는 미룰 것 없이 보험업에 뛰어들었고, 그때부터 고객을 만나러 전국 어디든 찾아갔습니다.

················ 한 달 주행거리 1만 2,000킬로미터, 1년 주행거리 10만 킬로미터 이상. 조인범은 매월 엔진오일을 새로 갈고 1년에 두 번 타이어를 교체할 만큼 열심인, 스펙트럼이 드넓은 사람이다. 그러니 우리나라 지도를 펼쳐놓고 조인범의 고객 분포 현황을 점으로 찍어본다면 전국의 어느 한 곳 빈 데가 없을 것이다.

전국을 누비다 보면 기억에 남는 일화도 많겠어요.

저는 고객을 만날 때 계약보다 소개받는 것을 더 중요하게 생각해요. 소개를 받는다는 건 제가 한 상담이 누군가와 공유하고 싶을 만큼 만족스러웠다는 것을 말해주니까요. 그렇기에 고객이 소개해준 곳은 어디든 간다는 걸 원칙으로 삼았죠. 덕분에 무용담에 가까운 에피소드도 제법 쌓였어요. 한번은 목포에서 고객 상담을 했는데, 소개만 해주면 정말 전국 어디든 갈 수 있겠느냐고 물어보시더라고요. '당연히 그렇다'고 말씀드렸더니 가거도에 사는 분을 연결해주셨어요. 들을 때만 해도 거제도처럼 차를 타고 들어갈 수 있는 섬이려니 했는데 웬걸요. 목포에서 쾌속선을 타고 5시간 이상 들어가야 하는 아주 먼 섬이었어요. 가거도 가는 날은 목포까지 오는 데 걸린 4시간 반까지 더해 섬에 닿는 데만 9시간 반을 썼죠.

가거도는 여정부터 잊지 못하겠군요.

2014년 일인데, 지금도 배 타고 가거도 들어가던 날의 낯선 경험들이 생생하게 떠올라요. 가령 배를 타자마자 나눠주던 구토용 봉투와 한 병씩도 아니고 두 병씩 세트로 팔던 멀미약 같은 거요. 처음에는 배가 살살 움직이길래 제게는 필요 없는 것들이라고 생각했어요. 평소 멀미를 하지 않기도 했고요. 그런데 어느 순간 배가 트램펄린으로 바뀌더라고요. 위아래로 요동치는데, 한순간에 멀미가 올라왔어요. 어쩔 수 없이 구토 봉투를 들고 배 뒤쪽으로 갔는데, 이미 멀미를 시작한 사람이 여럿이었어요. 더 괴로웠던 건 쾌속선의 특성상 문을 잠가놓기 때문에 바깥바람을 쐬지도 못하고 가거도까지 그 냄새를 견뎌야 한다는 거였죠. 겨우 섬에 도착한 후에도 3분 정도 바다가 잔잔해지기를 기다린 다음 문을 열어주더라고요. 그때 몇 시간 만에 바깥 공기의 냄새를 맡고는 살았다, 안도했던 게 생각나네요.

그렇게 고생하며 섬에 들어갔는데, 계약은 계획대로 진행되었나요?

그때가 마침 김장철이었어요. 제가 타고 간 배에도 육지에서 보내는 김치가 제법 많았죠. 섬에 도착해 주민께 인사를 건넨 후 가장 먼저 들은 말이 글쎄 "빨리 (김치통을) 들어서 옮겨"라는 거였어요. 얼떨결에 김치를 다 나르고 보니 양복 곳곳에 김칫국물이 묻었더라고요. 이후에는 옷을 갈아입을 겨를도 없이 그 상태로 조기 터는 일을 도왔죠. 속으로 '낮엔 바쁘니 저녁에 계약해야겠다'고 생각했지만, 저녁에도 기회는 오지 않았어요. 다음 날 새벽에 어선을 타야 한다고 모두 일찍 잠자리에 드시더라고요. 그렇게 이틀 정도가 지나갔어요. 아무래도 이곳에서는 상담하기 어렵겠구나, 싶었죠. 마음을 접고 어차피 왔으니 조기 말리고 걷는 일이나 돕다가 내일 배가 뜨면 나가야겠다고 마음먹었어요. 그렇게 가거도에서의 마지막 저녁을 맞았는데, 마땅히 할 일도 없고 해서 제가 머물던 댁의 아이에게 보여줄 겸 가족이 한데 모인 자리에서 간단한 마술을 했어요. 그 마술 덕에 보험과

고수의 언어

재무설계 이야기까지 자연스럽게 하게 되었고, 본격적인 상담 후 가족 모두의 보험을 리모델링하게 되었죠.

················ 어릴 적부터 혼자 있는 시간이 많았던 조인범은 사람들이 관심 가져줄 만한 취미들을 독학으로 익혀왔다. 그중 하나인 마술은 보험업을 할 때 종종 매우 효율적인 대화 수단으로 활용되었다. 마술은 말 그대로 마술을 부려 좀처럼 열리지 않던 대화의 물꼬를 터주곤 했다. 자신과 고객 사이에 징검다리를 놓아주는 마술. 마술로 표현해온 공감의 언어는 그곳에서도 적절한 타이밍에 효력을 발휘해주었다. 연고는 물론이고 연결 고리나 접점이 제로 상태였던 가거도에서 그가 총 28건의 계약을 체결해낸 것이다.

자신만의 보험영업 노하우를 소개해줄 수 있을까요?

물을 담는 그릇이 아니라 그릇에 담기는 물이 되려고 해요. 정해진 틀을 고집하며 그 모양에 맞게 고객을 억지로 꿰맞추려고 하지 않고, 고객이라는 틀에 제가 맞춘다는 의미입니다.

다들 이런 식으로 상담하는 거 아니냐고 반문할 수도 있는데, 적 잖은 설계사들이 고객을 만날 때 팔고 싶은 보험상품을 염두에 두고 있어요. 이를테면 종신보험 같은 경우에는 설계사에게 돌아오는 소득이 상대적으로 높아서 상담 과정에서 추천하거나 거듭 권유하게 되기 십상입니다. 이렇게 팔고 싶은 상품에 얽매이면 스스로 권태를 맞게 돼요. 그래서 저는 '0'인 상태에서 고객의 니즈를 듣고 그에 맞는 컨설팅을 제공합니다. 설계한 후에도 전산 내용을 공유하고 특약과 환급금 등을 하나하나 비교해가며 왜 이렇게 했는지 설명해요. 하나의 항목도 허투루 넘어가지 않습니다. 이렇게 고객의 그릇 모양에 맞는 물을 담아주는 것이 보험영업의 본질이라고 생각해요.

저는 '영업'은 '0up'이라는 말을 종종 합니다. 아무것도 정해놓지 말고 아무것도 바라지 말고 아무런 기대 없이 움직이다 보면 0이라는 숫자가 업이 되어 결괏값으로 돌아올 거라고 믿습니다. 그 결괏값이 1일지 5일지 100일지 그 이상일지는 본인의 노력에 따라 달라지는 거죠.

·················· 올해로 보험업을 시작한 지 12년. 결코 짧은 시간이 아니지만 조인범은 보험영업을 하며 번아웃이나 슬럼프를 경험한 적이 없다. 어릴 적부터 또래보다 다양한 경험을 하며 버텨내는 노하우를 습득한 덕택이기도 하지만, 곁가지로 자라나는 번잡함을 덜어내는 대신 본인이 잘하는 일의 정확도를 그만큼 높인 결과일 수도 있다. 아니라고 판단한 것들은 빠르게 단념했기에 본질에 더욱 명료하게 전념

할 수 있는 것. 이처럼 생각과 가치의 정리 정돈을 습관화한 덕분에 매번 유연한 물성으로 고객이라는 그릇에 알맞게 담길 수 있는 것이다.

이제 막 보험업을 시작하려는 이들에게 해주고 싶은 조언이 있나요?

주변 사람들에게 저는 '건수 많이 하는 사람'으로 통합니다. 그동안 제가 노력한 결과이긴 하지만, 단지 건수에 저의 가치를 묶어두고 싶진 않아요. 흔히 하수는 상품을 팔고, 중수는 나를 팔며, 고수는 산업을 판다고 하는데, 저는 스스로 '많은 사람에게 보험의 가치를 알리기 위해 뛰는 사람'이라 여기고 움직입니다. 실제로 고객을 만나면 상담에 앞서 항상 보험의 역사를 이야기해요. 앞으로 보험산업이 어떻게 변해갈지, 이러한 흐름 속에서 어떻게 대비해야 할지를 짚어나가죠. 이처럼 전문적인 통찰과 관점에서 접근했을 때 고객의 반응과 신뢰도가 훨씬 높게 나타나는 건 당연한 결과입니다. 그러니 보험설계사라는 전문성에 자부심을 가지고 스스로 직업의 가치를 높여나가길 바랍니다.

'프로세스'는 어떤 일이 진행되어가는 흐름, 컴퓨터에서는 실행 중인 프로그램이라는 의미가 있다. '앞으로 나아가다'를 뜻하는 라틴어 'procédere'로부터 파생되었다. 최근에 결과물보다 과정에서의 경험과 스토리가 주목받으면서 분야를 막론하고 그 중요성이 부각하고 있다. 일본의 IT 비평가 오바라 가즈히로는

박영호의

프로세스

저서 『프로세스 이코노미』를 통해 '아웃풋의 차이가 점차 사라지면서 이제 가치는 프로세스에서 나오는 세상이 왔다'는 말과 함께 비단 사물이나 프로젝트뿐만 아니라 개개인의 브랜딩에서도 '과정'이 '가치'를 만든다고 강조한 바 있다.

박영호

2002년 보험영업에 입문한 시점부터 자신만의 영업 프로세스로 매주 3건 이상의 계약을 체결하는 STAR를 달성해오고 있다. 2010년부터 몸담은 메트라이프생명에서만 연속 910주(2022년 11월 초 기준)에 달한다. MDRT 종신회원이며, 대한민국금융인대상을 받았고, 대한민국 미래를 여는 인물로 선정된 바 있다.

"판매 프로세스의 가장 큰 매력은 묵묵히 개인 코치의 역할을 해준다는 점입니다. 무슨 말이냐면, 영업하며 느끼는 문제점과 그 해답에 대한 정확한 신호를 줘요. 가령 어떤 단계의 진행이 매끄러운 게 이전 단계를 잘했다는 칭찬이라면, 현 단계에서 막힌다는 건 이전 단계에서 문제가 있었고 거기서 해답을 찾아야 한다는 신호예요."

**중견 기업 연구원으로 일하다 보험영업을 시작하셨다고 들었습니다.
두 직종 간의 갭이 제법 커 보입니다만.**

대학에서 화학공학을 전공했어요. 이후 합성 고분자 물질 중 하나
인 에폭시 베이스의 파생 제품들을 만드는 화학 회사의 부설 연구소
에서 연구원으로 7년 정도 일했습니다. 업무적으로는 물론이거니와
타고난 성향 면에서도 영업과는 거리가 멀었지요.

·············· 박영호가 몸담았던 화학 회사는 화학 중에서도 유기 화학
과 관련이 있었다. 유기 화학은 일반적인 화학보다 실험
할 때 반응이 나오기까지의 시간이 긴 편. 그는 아침에 출
근해 실험실에 들어가면 밥 먹을 때를 제외하고는 종일
그곳에서 업무를 봐야 했기에, 유독 더디고 차분하게 흐
르는 시간 속에서 살아가는 기분이었다. 몇 안 되는 선택
지 중에서 보험영업이라는 카드를 만지작거리던 무렵은
이 같은 실험실 생활이 자그마치 7년여 이어졌던 때였다.
극도로 내향적 성격의 그였기에 영업은커녕 사람들과 한
데 섞이는 데에도 용기를 끌어모아야 했다.

그런데도 보험영업으로 전직한 건 그만큼 절실했다는 말로 들립니다.

대학교 1학년 때 아버지가 돌아가시자 집안에 빚이 많이 생겼어요. 한데 스물아홉 살 때 어머니마저 갑자기 암으로 돌아가시면서 모든 빚을 제가 감당해야 하는 상황에 부딪혔죠. 어림잡아도 당시에 받던 급여로는 마흔넷은 되어야 빚을 청산할 수 있겠더라고요. 직업을 바꾸는 것 말고는 해결책이 없었어요. 일한 만큼 소득이 높아지는 쪽으로 찾아보니 결국은 영업이더라고요. 그중에서도 자동차보험과 생명보험을 고민하던 차에 우연히 신문 기사 하나를 보게 되었습니다. 외국계 생명보험사 설계사들의 1인당 평균 소득 관련 내용이었는데, 그때 기준으로 월 500~700만 원이었죠. 평균이니까 더 많이 버는 사람도 더 적게 버는 사람도 있겠지만, 저는 단순하게 '중간만 하면' 저 정도 벌 수 있겠구나, 생각했어요. 가만 떠올려보니 초중고, 대학, 직장까지 어느 조직에서도 중간 이하로 떨어진 적은 없더라고요. 그러니까 이번에도 중간은 할 수 있겠구나, 싶었던 겁니다.

시작할 때는 '중간만 하자'였는데, 결과적으로는 높은 성과는 물론이고 주 세 건 이상의 계약을 의미하는 STAR를 지금껏 한 번도 놓친 적이 없으시다고요?

절박한 상황에서 보험영업을 시작한 만큼 나태할 겨를이 없었어요. 그런 저에게 STAR는 맞춤한 루틴이었죠. 반복적인 계약으로 감을 익히게 해주고 계약 습관을 자리 잡게 해주었으니까요. 매주 성취가 쌓이면서 두려움 대신 직업적 만족감을 얻게 된 것도 STAR 덕분입니다. 무엇보다 보험영업은 고객을 많이 만드는 게 중요한데, STAR로 매주 새로운 고객이 쌓이고 지지해주는 고객이 늘면서 가망 고객 확보가 원활해졌고요. 이런 것들이 오롯이 실적으로 연결돼 성과의 선순환을 가져다주었습니다.

·············· 그렇다면 박영호의 실적은 어느 정도일까? 보험영업을 처음 시작한 2002년부터 누적하면 훨씬 숫자가 크겠지만, 2010년 메트라이프생명에 온 이후의 STAR 기록만 따져도 910주(2022년 11월 초 기준)에 달하고, 고객 수는 2,000명이 훌쩍 넘는다.

그야말로 꾸준히 한결같은 성과를 내셨는데, 비결이 있습니까?

답은 판매 프로세스에 있습니다. 저는 소심하고 내성적이라 자기만의 개성을 살려 판을 벌이거나 키우는 대신 시스템에 맡기는 쪽을 선호합니다. 임기응변에 강하고 순발력이 좋은 유목민 방식이 아니라 때에 맞춰 정해진 할 일을 해나가는 근면한 경작인의 길을 택한 거죠. 여기서 할 일을 알려주는 게 바로 보험 판매 프로세스인데요. 가망고객 확보부터 만남 약속, 1차 상담, 프레젠테이션, 클로징, 증권 전달, 고객관리 및 서비스에 이르는 7단계 판매 프로세스를 따르면서 일단 영업 활동을 정형화할 수 있었고요. 판매 프로세스를 지키면서 영업 활동의 효율도 높아졌어요. 판매 프로세스대로 활동하면 만난 고객 중 몇 명과 1차 상담이 이루어지고, 그중 실제 계약은 어느 정도 이뤄지는지 단계별로 통계가 산출되어 장점은 살려나가고 단점은 보완할 수 있기 때문이죠. 판매 프로세스를 이정표 삼은 덕에 길을 잃지 않을 수 있었습니다. 하나의 단계가 끝나면 그다음에 무엇을 해야 하는지 명확하게 알려주거든요.

판매 프로세스의 가장 큰 매력은 묵묵히 개인 코치의 역할을 해준다는 점입니다. 무슨 말이냐면, 영업하며 느끼는 문제점과 그 해답에 대한 정확한 신호를 줘요. 가령 어떤 단계의 진행이 매끄러운 게 이전 단계를 잘했다는 칭찬이라면, 현 단계에서 막힌다는 건 이전 단계에서 문제가 있었고 거기서 해답을 찾아야 한다는 신호예요. 그러니까 계약 체결이 성사되지 않은 것은 상담이 잘못되었기 때문이고, 상담이 잘되지 않는 것은 만남 약속 단계에 문제가 있다는 걸 말해주며, 만남 약속이 이뤄지지 않는 건 가망고객이 제대로 확보되지 않았다는 의미로 해석해야 합니다. 현대 영업의 창시자로 불리는 존 패터슨이 이런 말을 했습니다. '판매 프로세스를 따르면 세일즈 경험이 없는 사람도 높은 실적을 올릴 수 있다.' 제가 이 말의 산증인이에요.

판매 프로세스 중 특히 중요하게 여기는 단계가 있나요?

이 질문을 보험설계사들에게 던지면 대부분 '상담, 프레젠테이션, 클로징'이라고 답합니다. '판매'에 상대적으로 시간과 신경을 많이 쏟는다는 것인데, 이래서는 곤란합니다. 영업은 경쟁자가 존재하는 직업이기 때문입니다. 고객이 다른 보험설계사가 아닌 '나'를 떠올리게 하려면 판매 프로세스 각 단계에 골고루 에너지를 투입해야 해요. 한 가지 목적에 집착해 특정한 단계에만 활동을 집중하면 프로세스가 잘 굴러가지 않습니다. 아울러 판매 프로세스를 가망고객 확보에서 시작해 고객관리 및 서비스로 끝나는 직선형 구조가 아닌, 끊임없이 선순환이 이루어지는 원형 구조로 생각하는 것도 매우 중요해요. 종종 판매 프로세스대로 해도 가망고객 확보에 어려움을 겪는다고 호소하는 이들이 있는데, 그때마다 제가 하는 조언은 앞서 말했듯 전 단계에서 문제를 찾고 해답을 구해야 한다는 것입니다. 판매 프로세스를 직선이 아닌 원형으로 구조를 바꾸면 금세 알 수 있죠. 예를 들어 가망고객 확보에 어려움이 있다면 이전 단계인 고객관리 및 서비스에서 개선점을 발견해야 합니다.

·················· '우리의 보험영업 사이클을 끊임없이 움직이는 하나의 바퀴로 보는 것이 중요하다. 판매 프로세스의 어떤 부분이 움직이지 않게 된다면 펑크 난 타이어를 달고 달리거나 둥글지 않은 타이어를 달고 달리는 것과 다를 바 없다.' 영

국 보험업계에서 가장 화려한 이력을 자랑하는 전설의 보험왕 토니 고든의 명언.

저서 『영업은 사람이 전부다』에서도 판매 프로세스와 화법의 중요성을 강조하셨지요? 특히 거절처리 관련 화법이 인상적이었습니다.

모든 영업이 그렇지만 보험영업은 특히나 고객의 거절을 빈번하게 맞닥뜨리게 됩니다. 저를 비롯해 모든 보험설계사가 보험영업을 어려워하는 이유죠. 간혹 보험영업의 성공담을 다룬 책을 살펴보면 '거절은 청약의 신호다' '이 거절을 처리하면 고객은 계약할 것이다'라는 뉘앙스의 메시지가 등장하는데, 솔직히 말하면 거절은 거절일 뿐입니다. 이번 거절을 처리하면 다른 거절이 또 나오지 않습니까. 그래서 저는 경험에서 얻은 좀 더 현실적인 거절처리 노하우를 공유하고 싶었어요. 앞에서도 말했지만 판매 프로세스 중 어느 단계에서 고객이 거절하면, 단순히 화법이 아니라 이전 단계에서 문제점을 찾아서 해결해야 합니다. 다만, 청약을 앞둔 클로징 단계에서는 고객에게서 거절의 말이 나오지 않는 화법을 쓰는 게 중요해요. 이를테면 이전 상담 결과를 토대로 설계해서 나온 월 보험료를 제시하며, '납부에 어려움은 없으시겠습니까?'라고 묻는 겁니다. 만일 고객이 '어렵다'고 답해도 보험료를 조금 줄이면 되는 정도로 마무리할 수 있겠죠. 문제는 위의 질문에 고객이 아무런 말도 하지 않는 경우인데요. 그러면 보험설계사는 머릿속이 매우 복잡해지면서 순간 당황하게 되죠. 이럴 때는 고민에 빠지지 말고 청약을 위한 다음 질문을 건네는 게 좋습니다. '아직 젊으신 관계로 보험 가입을 위한 건강검진 절차는 필요하지 않지만, 제가 여쭤보는 몇 가지 질문에는 정확하게 답변해주셔야 합니다. 여쭤도 괜찮겠습니까?' 이 질문에 '괜찮다'는 대답이 돌아오면 계약이 체결되었다는 신호로 봐도 무방해요. 이처럼 거절처리 화법에서 핵심은 '고객이 싫다고 할 만한 질문은 하지 않는다'는 겁니다. 동시에 고민 중인 고객의 결정까지 슬쩍 당겨준다면 더할 나위 없겠죠.

2,000명이 넘는 고객은 어떻게 관리하십니까?

사실 대단한 고객관리를 하는 건 아니고요. 대신 한두 달에 한 번 보내는 단체 문자일지라도 모든 사람에게 같은 내용을 보내진 않습니다. 예를 들어 암 진단을 받은 고객에게 '잘 지내시느냐'는 인사를 건네선 안 되고, 부부 고객에게 한날한시에 같은 문자가 도착하는 것도 성의 없어 보이잖아요. 같은 사무실에서 근무하는 고객들에게도 마찬가지고요. 그래서 고객들을 서로 겹치지 않게 7개의 그룹으로 카테고리화했습니다. 그룹에 맞는 메시지로 7개의 문자를 작성하게 되는데, 여기서 끝이 아니라 하루 정도는 시간을 갖고 다시 메시지를 세심하게 검토하고 다듬은 다음에야 고객에게 전송하죠. 고객 수가 계속 늘어나도 7개 그룹 중 맞는 카테고리에 배정하다 보니 얼마든지 관리할 수 있습니다.

제가 생각하는 고객관리의 핵심은 '내가 항상 고객 곁에 있다'는 걸 알리는 거예요. 살다 보면 어쩌다 보험 얘기를 하게 될 때도 있는데, 그때 고객이 제 이름을 떠올리면 더 바랄 게 없죠. 지금은 메트라이프생명 사외보로 대체했지만 2~3년 전까지 10년 넘게 〈영호생각〉이라는 소식지를 만들어 고객에게 보낸 것도 같은 이유였어요. 고객 가까운 곳에 제가 있다는 걸 알리는 거죠.

어느새 보험영업을 하신 지 20년이 넘었습니다. 긴 시간 필드에서 체득한, 보험설계사에게 꼭 필요한 덕목으로는 무엇을 꼽고 싶나요?

정직과 학습이 아닐까 싶습니다. 보험은 지식산업이기 때문에 지식 보유를 위한 끊임없는 학습이 이뤄져야 해요. 보험에 관련된 기본적인 공부는 물론이고 시대 상황에 따른 보험의 변화를 습득하는 노력도 필요하죠.

정직은 사실 굳이 설명이 필요 없을 만큼 중요합니다. 보험영업이 힘든 건 앞에서도 말했듯 경쟁자가 있기 때문이에요. 보험을 설계할 때 정직하게 하지 않으면, 2~3년 내로 경쟁자에 의해 고객이 그것을 알아차릴 것입니다. 몇 년 전에 제가 펴낸 책의 제목인 『영업은 사람이 전부다』에서도 드러나듯이, 자기만의 영업 스킬이나 고객관리 노하우보다 우선해야 할 것은 '좋은 사람'이 되는 것이에요. 오랜 경험을 들어 단언컨대, 고객은 좋은 사람과 계약합니다.

·················· '사람이 좋으면 상품이 좋고 사람이 나쁘면 상품이 나쁘다.' 한국 MDRT협회 제9대 최상원 협회장이 박영호의 저서 『영업은 사람이 전부다』 추천사에 인용한 이 말은 '영업에 대한 평가는 영업하는 사람에 대한 평가와 같다'는 의미일 것이다. 박영호가 자신의 노하우를 낱낱이 담아낸 이 책을 통해 보험영업에서 길을 잃은 후배·동료들에게 궁극적으로 건네고자 했던 메시지이기도 하다.

'오리지널리티(originality)'는 원작으로서 지닌 독창성, 신선함, 가치 등을 이야기할 때 쓰이는 단어다. 새롭거나 고유한 스타일이 있을 때 부여한다. 주로 예술가나 그 작품에 대한 찬사의 용어로 쓰였으나 최근에는 브랜딩의 필수 요소로 자주 언급된다. 특히 개인의 브랜드화 시대가 열리면서 이를 가능하게 하는 핵심 요소로 오리지널리티가 강조된다. 일본의 소설가이자 에세이스트 무라카미 하루키는 에세이 『직업으로서의 소설가』에서 '오리

신정은의

오리지널리티

지널리티는 그것이 실제로 살아 움직일 때는 좀체 형체를 알아
보기 힘든 것'이라고 설명하면서, 자신만의 오리지널리티를 발견
하길 원한다면 '자신이 오랫동안 지속할 수 있는 일을 선택하고,
꾸준히 작업을 쌓아나가면서 스스로 버전업해야 한다'고 말했다.
지속력과 자기 혁신을 담보로 시간의 축적이 이루어졌을 때, 비
로소 자신만의 오리지널리티가 만들어질 수 있다는 것이다.

신정은

2003년에 보험업을 시작해 입문 3주 차부터 매주 3건 이상의 계약을 체결하는 STAR에 도전, 현재 메트라이프생명 전체에서 최장기 STAR 기록(2023년 1월 중순 기준 920주)을 달성 중이다. 그는 실적이 우수한 보험설계사를 무작정 따라 하는 게 아닌, 자기만의 오리지널리티를 만들어낸 것을 성공 비결로 꼽는다.

"지금 저의 영업 시스템은 1년, 2년 사이에 만들어진 게 아닙니다. 숱한 시행착오와 힘든 시간을 거쳐 저만의 스타일로 완성되었죠. 저는 무언가를 꾸준히 지속하는 게 가장 어려운 일이라고 생각해요. 실적이 좋은 보험설계사가 하는 걸 따라 하다가 아니다 싶으면 금세 포기하고, 또 다른 사람의 노하우로 갈아타느라 정작 자기만의 오리지널리티를 만들지 못하는 게 안타까워요."

메트라이프생명 내 STAR 최장기 기록 보유자이자 회사 내 설계사 최고 등급을 최초 달성한 인재로 알려져 있습니다. 그만큼 하루하루를 바쁘게 보내실 것 같습니다.

전혀요. 아마도 저희 지점에서 가장 바쁘지 않은 사람이 저일 겁니다. 저는 일단 법정 공휴일과 주말 이틀은 무조건 쉽니다. 평일에도 해만 지면 집에 가고요(웃음). 고객을 만나는 건 화·수·목에 집중돼 있어요. 평일을 꽉 채워 일하고도 필요하다면 주말 시간까지 끌어다 쓰는 여느 보험설계사들의 일하는 패턴과는 조금 거리가 있죠.

지금의 영업 방식이 자리 잡게 된 계기가 있었나요?

제가 직업을 바꾸게 된 결정적 이유이기도 한데요. 바로 타임 프리, 시간을 자유롭게 쓰자는 것이었습니다.

················ 보험영업 이전에 8년간 옷 가게를 운영했던 신정은 365일 가게를 열며 옴짝달싹할 수 없는 생활에 지쳐 있었다. 그런데 알고 보면 시간에 구애받는 삶의 내력은 훨씬 전부터 이어져왔다. 그의 부모는 30년 넘게 일식집을 경영했는데, 북쪽에 고향을 둔 실향민이다 보니 명절에도 쉬지 않고 연중무휴로 영업한 것. '타임 프리'는 그만큼 오

래 묵은, 절실한 염원이었다.

아무리 타임 프리가 절실해도 보험영업 초창기부터 지금의 시스템으로 움직이진 않았을 것 같아요.

　제가 한번 마음을 주면 거기에만 딱 집중하는 스타일이에요. 마음에 드는 옷집이 생기면 옷은 그 집에서만 사는 사람인 거죠. 보험영업도 마음을 정한 후에는 바로 옷 가게를 정리하고 오직 이 일에만 매진했어요. 한데 막상 해보니 고객이 원하면 토요일이든 일요일이든 만나러 나가게 되더군요. 이런 생활에 익숙해지고, 계약에 마음이 급해지다 보면 어떤 때는 연고지인 대구에 있다가도 고객과 약속이 생기면 곧장 서울에 가고, 서울에서 일을 본 후 김천에 갔다가 다시 서울에 가는 날도 있었어요. 보험설계사들은 공감하실 텐데 계약이라는 게 만병통치약이나 다름없습니다. 무거운 가방을 들고 먼 곳까지 눈길을 헤쳐가도 계약이 나오면 무거운지도, 힘든지도 모르게 되거든요. 더구나 보험영업 첫해엔 제가 가진 에너지 100을 쓰면 80 정도의 아웃풋이 나왔는데, 이듬해는 100을 쓰면 100이, 그다음 해는 100을 쓰면 120이란 성과가 나오니 도무지 욕심을 내려놓을 수가 없더라고요. 그런데 보통은 물 들어왔으니 더 힘차게 노를 저어야 한다고 생각할 그 무렵에 자신을 돌아보게 만드는 일이 생겼죠.

어떤 일이었습니까?

사실 보험영업을 시작하기 얼마 전에 평소 알고 지내던 지인에게 크게 사기를 당해 어마어마한 부채를 안고 있었어요. 다행히 보험영업을 시작하고 주말도 없이 일한 덕분에 5년 차 되던 해에 일시금으로 부채 전액을 상환할 수 있었습니다. 그러고도 잔고가 두둑해 집을 이사하고, 남편에게 수입차를 무려 세 대나 선물했죠. 그야말로 플렉스의 시절을 보냈습니다. 이렇듯 마냥 신나고 기쁘기만 할 줄 알았는데, 문득 '내가 지금 뭐 하고 있지?'라는 생각과 함께 알 수 없는 공허함이 밀려들었어요. 여전히 고객을 만나 계약할 땐 즐거운데, 그 외의 시간에는 생각이 많아졌죠. 그러던 차에 어느 날 남편이 제게 이런 말을 했어요. '당신은 다른 가정의 안정을 위해 재정 설계를 하러 다니지만, 정작 우리 가정은 돌보지 않는 것 같다'라며, '고객들한테 평생 일하겠다고 약속했는데, 지금처럼 하면서 평생 이 일을 할 수 있겠느냐'고 묻더라고요. 그 말을 듣는데, 정신이 번쩍 드는 느낌이었어요. 지금은 젊으니까 이렇게 일할 수 있지만, 나이 들어서도 지금처럼 할 수 있느냐고 묻는다면, 대답을 못 하겠더라고요. 무엇보다 언제나 가장 소중한 남편과 저를 위한 시간을 확보해야 즐거운 마음으로 오래 일할 수 있겠단 생각이 들었죠. 그러자면 방법은 하나밖에 없었어요. 욕심을 버리는 것.

욕심을 버리는 게 말처럼 쉽지는 않았을 텐데요.

정말 쉽지 않았습니다. 그런데 안 되는 일은 아니었어요. 처음엔 일요일만 무조건 쉬는 걸로 시작했는데, 실행에 옮겨보니 가능하더라고요. 그다음 해에는 하루 더 연장해서 토요일과 일요일 이틀을 쉬는 시스템으로 바꾸었어요. 고객들이 싫어할 것이라 예상했으나, 실제로는 다 맞춰주셨어요. 그렇게 2, 3년이 지난 후부터는 금요일까지 쉬어도 무리가 없게 되었죠. 지금은 주 3일만 집중적으로 일한다는 걸 누구보다 제 고객들이 알고 있어요. 고객과 약속을 잡으려고 전화하면 당연한 듯 화·수·목요일 안에서 일정을 조율합니다.

본인의 일주일은 대략 어떻게 흘러갑니까?

월요일은 그 주에 만날 고객들과의 만남을 준비하는 데 씁니다. 대구에 사는 고객을 만나기도 하고요. 대신 화·수·목은 누구보다 집중해 일합니다. 보통 보험설계사들이 열흘에 걸쳐 만나는 고객을 저는 이 3일 동안에 소화해요. 대략 15~20명의 고객을 만나는 거죠. 금요일에는 필요할 경우 오전 정도 일하고 퇴근하고요. 그렇지 않을 때는 금요일부터 주말까지 쉽니다.

주 3일 동안 꾸준히 20여 명의 고객을 만나는 게 가능한가요?

지금도 마찬가지지만 제가 운전을 못 해요. 지금은 사무실에 개인 비서도 있고, 운전해주는 기사도 있지만, 보험영업을 처음 시작한 20년 전에는 대중교통으로 이동했습니다. 그때는 KTX도 없을 때라 서울에 가려면 기차를 타고 서너 시간을 움직였죠. 장거리를 이동해 고객을 만나러 갔는데, 갑자기 일정이 취소되면 난감하고 타격이 크니까 처음부터 한군데에서 많은 고객을 만날 수 있는 곳을 타깃으로 삼았어요. 현재 저의 주 고객이 여교사와 삼성전자 직원으로 이루어진 것도 이와 무관치 않습니다.

학교와 삼성전자 같은 곳에서 고객의 마음을 얻은 비결은 무엇이라고 생각하세요?

저는 지인 기반이 약해서 처음부터 개척영업으로 방향을 정했어요. 첫 타깃을 여교사로 삼은 건 어느 정도 그들의 심리를 파악하고 있다는 생각에서였어요. 보험영업 이전에 옷 가게를 했지만, 원래는 교사가 되려고 했었어요. 교생 실습을 마치고 교사 발령까지 받았는데, 학교생활과 맞지 않다는 걸 빠르게 깨닫고 그만뒀죠. 그렇게 잠깐 학교에 발을 담갔던 경험이 있고요. 제가 친구라고는 중고등, 대학교 각 한 명씩 해서 세 명이 전부인데, 공교롭게도 이 세 명이 모두 중학교 교사예요. 다만 제가 스물아홉 살에 보험업을 시작한 만큼 친구들도 각 학교에서 초임 교사일 때라 소개받기 좋은 상황은 아니었죠. 친구에게 누가 되지 않는 선에서 개척하는 게 최선이었어요.

고수의 언어

친구들이 중학교 교사인 이유도 있었지만, 저는 오직 중학교만 타 깃으로 삼았어요. 초등학교의 경우 담임 교사가 전 과목을 가르치기 때문에 수업이 끝날 때까지 교사 개인 시간이 거의 없고, 고등학교는 급여는 더 많아도 교사들의 하루가 바쁘게 돌아가고 입시로 인해 예 민한 분위기가 감돌아요. 반면 중학교는 상대적으로 여유롭고 수업 이 없을 때는 교사 대부분이 교무실에 있어서 만나는 게 수월합니다. 또 학기별 시간표가 일정하므로 공략하고 싶은 교사가 있으면 수업 이 비는 일정에 맞춰 매번 같은 요일, 같은 시간에 방문하면 만날 수 있었죠. 물론 금세 반응이 온 건 아니었어요. 처음 교사들을 만났을 때 제가 느낀 건 전반적으로 보험설계사에 대한 신뢰가 낮다는 거였 어요. 이유는 명확했어요. 계약할 땐 평생 관리해줄 것처럼 말해놓고 는 얼마 안 되어 다 그만두더라는 거죠. 이직이 적고 반복적인 생활에 익숙한 직업적 특성상 교사들은 갑작스레 바뀌는 상황에 낯설어하는 경향이 있어요. 저 또한 마찬가지여서 한곳에 마음을 정하면 쉽사리 변하지 않는 성향이고요. 그때 결심했죠. 보험설계사를 평생 직업으 로 삼아 공무원처럼 일해야겠다고요. 그래서 묵묵히 같은 요일, 같은 시간에 방문하며 일단은 신뢰를 얻는 데 집중했고요. 하나둘 계약이 나오고부터 한 학교 교사의 절반가량을 제 고객으로 확보하는 데는 2 년 정도 걸렸습니다.

·············· 신정은이 학교에 이어 삼성전자로 고객층을 넓힌 데에는 교사 고객의 테스트에 가까운 소개가 마중물 역할을 했다. 삼성전자 수원 사업장 연구원을 배우자로 둔 교사 고객은 '소개는 하되, 결코 (계약이) 쉽진 않을 거다'라는 난이도 정보와 함께 설득에 성공 시 '월 100만 원의 연금 계약'을 옵션으로 내걸었다. 그만큼 계약 가능성이 희박하다는 의미였겠으나, 그는 때때로 오기를 동력으로 삼는 데다 시험에 대체로 강했다(참고로 신정은은 보험영업을 시작하기 전 면접에서 '지금 하는 일이나 하라'는 지점장 말에 오기가 발동해 다음 날 시험을 보았고 시험에 강하다는 걸 입증이라도 하듯 만점을 받았다). 이번에도 예외는 아니어서 삼성전자 연구원과의 계약을 무사히 성사했다. 그는 '계약은 하겠지만, 소개는 어렵다'는 고객 말에 '소개해주지 않으면 계약도 하지 않겠다'는 통 큰 베팅으로 삼성전자 천안 사업장에 근무하는, 고객의 친동생을 소개받았다. 이후 친동생이 다시 삼성전자 구미 사업장에서 일하는 여자 친구를 소개하면서 지금은 삼성전자 수원, 천안, 구미에 이어 언양 사업장에도 다수의 고객을 두고 있다.

고수의 언어

본인을 롤모델로 둔 후배들이 많으시겠습니다.

노하우를 물어보는 후배들도 많고, 직접 보고 싶다며 영업 현장에 동행한 이들도 있었어요. 그런데 중요한 건 지금 저의 영업 시스템은 1년, 2년 사이에 만들어진 게 아니라는 점입니다. 숱한 시행착오와 힘든 시간을 거쳐 저만의 스타일로 완성되었죠. 저는 무언가를 꾸준히 지속하는 게 가장 어려운 일이라고 생각해요. 실적이 좋은 보험설계사가 하는 걸 따라 하다가 아니다 싶으면 금세 포기하고, 또 다른 사람의 노하우로 갈아타느라 정작 자기만의 오리지널리티를 만들지 못하는 게 안타까워요.

신정은만의 오리지널리티는 이를테면 어떤 것들입니까?

앞서 말한 대로 오랜 기간 시행착오와 실패를 경험하면서 다듬어진 저만의 영업 방식입니다. 예를 들면 매년 10월부터 12월까지는 연중 제가 가장 바쁜 시기입니다. 달력을 만들어 직접 고객에게 전달하는 까닭인데요. 고객에게 달력을 선물하는 건 보험설계사들에게 일반적인 행사지만, 저는 인쇄소에서 나온 달력 그대로가 아니라 고객 개개인을 위한 세상 단 하나의 달력으로 만드는 과정을 거칩니다. 달력에 일일이 수기로 고객의 생일과 가족 생일, 결혼기념일, 상령일 등을 표기해 고객 맞춤형 달력으로 만드는 거죠. 또 달력 맨 앞장에는 그 고객에게만 전하는 메시지를 씁니다. 최근 몸이 안 좋았던 고객이라면 '새해에는 건강하라' 같은 문구를 쓰는 식이죠. 올해로 벌써 15년이 넘은 이벤트인데요. 처음에 모두에게 똑같은 달력을 전달했더니 크게 의미를 두지 않을뿐더러 주변 사람에게 주기도 하는 모습을 보면서 지금의 아이디어를 생각해냈어요. 직접 대면해 전달하는 것이 원칙입니다.

또 1년에 한 번은 고객을 직접 만나 가입한 보험의 보장 분석과 계약 리뷰를 해드립니다. 요즘은 상품별로 보장 분석을 찾아볼 수 있지만, 고객 대부분은 자신이 가입한 상품들의 보장 분석과 계약 현황을 한눈에 보고 싶어해요. 그래서 고객별로 계약한 순서대로 모든 상품의 보장 분석과 계약 리뷰를 수기로 작성합니다. 지금까지 총 몇 회 납입했고 앞으로 남은 납입 횟수가 어느 정도인지, 총납입 금액은 물론이고 만약에 지금 현금화한다면 얼마인지 등 고객이 궁금해할 모든 내용을 적습니다. 그런 다음 원본은 고객에게 드리고, 복사본은 제가 자료로 보관하는데요. 이 자료가 저의 1년 보험영업 농사의 매우 중요한 밑거름이 됩니다. 이 자료를 고객과 함께 보면서 만기가 되는 보험상품에 대한 다음 계획을 논의하기도 하고요. 업그레이드가 필요한 보장 내용을 고객에게 설명하기에도 좋습니다. 이런 얘기를 해드리면 그 자리에서 바로 계약을 추가하겠다는 고객도 있는데, 이럴 때는 달력에 표기한 고객의 보험 상령일을 같이 보면서 '상령일까지는 보험료가 오르지 않고 똑같으니 그때까지 편하게 생각하라'고 말

　　　　　　　　　　　　　　　　　　고수의 언어

씀드리죠. 경험해보니 이런 자료는 모든 고객이 반기지만, 특히 자산가일수록 높은 만족도를 보입니다. 가입한 상품이 많아 한 번에 확인하는 게 쉽지 않기 때문이죠. 그래서 나중에는 보험상품뿐만 아니라 은행 등 다른 금융상품까지 모두 부탁해오는 경우가 흔합니다.

·············· 사실 신정은은 그의 고객이라면 누구나 고개를 끄덕일 만큼 악필에 가깝다. 그의 글씨를 찍은 사진을 첨부해 "이 글씨는 뭘까요?"라며 농담조로 묻는 고객이 있을 정도. 그런데도 매년 많은 시간과 수고를 들여 수기로 개개인을 위한 달력과 보장 분석 및 계약 리뷰를 작성하는 건 고객을 향한 한결같은 정성을 누구보다 고객이 가장 잘 알아보기 때문. 고객들 사이에서 회자하는 "역시 보험은 신정은"이라는 말은 이런 노력 끝에 만들어진 것이었다.

21년 차 설계사가 생각하는 보험영업의 매력은 무엇입니까?

예기치 못한 일을 경험하게 되고, 그냥 지나쳤을지도 모를 좋은 분들을 만나 인연을 쌓는 것 아닐까요. 저는 다시 태어나도 보험설계사가 되겠다고 말하는데요. 가장 행복할 때는 고객으로부터 신뢰받는다고 느낄 때예요. 결국 제가 보험영업을 하는 건 언제 들어도 좋은 이 말을 듣고 싶어서입니다. '역시 보험은 신정은이지.'

'나는 특별한 재능이 없다. 열렬한 호기심이 있을 뿐이다.' 이 말의 주인공인 알베르트 아인슈타인을 비롯해 과학자들의 결과물은 강렬한 호기심에서 출발하곤 했다. 비단 과학뿐만 아니라 호기심은 수많은 문학 작품의 모티브가 되기도 하고, 예술 작품의 영감으로 작용하기도 한다. 최근에는 호기심의 영향력이 더욱 확장되고 있다. 지난 2021년 12월 글로벌 분석 소프트웨어 기

이 세 혁 의

호 기 심

업 SAS가 전 세계 2,000여 명의 기업 내 관리자를 대상으로 설문한 결과, 기업 내 관리자의 72퍼센트는 호기심을 임직원의 매우 중요한 성격적 특성이라고 답했다. 59퍼센트는 호기심이 실제 비즈니스에 영향을 미친다고 답했으며, 51퍼센트는 호기심이 많은 직원이 더 높은 성과를 낸다고 답했다.

이세혁

2016년 20대 중반의 나이로 보험영업의 길에 들어서면서부터 엄청난 속도로 성장을 이어가며 top performer로 주목받았다. 사람에 대한 호기심을 기본으로, MZ세대답게 디지털 툴을 고객 접점의 매개체로 삼아 남다른 추진력과 집중력을 발휘, 매년 100여 명의 신규 고객을 확보하고 있다.

"어떤 도움을 줄 것인지에 대한 답을 생각해보는 것은 고객의 삶에 관한 관심과 더 알고 싶다는 호기심 없인 불가능해요. 제 경우에는 특히나 고객과의 공감대 형성은 물론이고 대화의 막힘과 엉킴을 풀어주는 윤활유 역할을 해주는 게 호기심이었어요. 그러니까 제가 하는 일의 모든 불꽃은 호기심으로부터 점화됩니다."

20대 중반에 보험영업을 선택한 기준이 궁금합니다.

보험설계사가 되겠다고 결심한 건 대학 4학년에 재학 중이던 스물네 살 때였어요. 상업 계열 특성화고를 졸업하고 경영학과에 진학한 만큼 금융권 취업을 염두에 두긴 했었어요. 물론 은행과 증권사 정도의 스펙트럼이 제가 보는 금융권 전부였죠. 그런데 보험회사가 주관한, 보험에 금융을 연계한 금융 컨설턴트 채용 세미나에 참여하면서 이전에 몰랐던 새로운 직업에 관심이 생겼어요. 영업은 판매라는 단순한 공식에 갇혀 있다가 난생처음 인생 재무설계라는 개념을 접하고, 자산관리, 상속과 증여, 보상 사례 등 다양한 영역을 아우르는 보험영업의 세계를 간접 경험하며 '아! 이건 기회다'라고 생각했습니다. 이후 여러 보험사를 직접 찾아다니며 진로 상담을 거쳐 메트라이프생명을 선택하게 되었고요. 진로를 정한 다음, 군 장교로 복무하면서 퇴근 후와 주말에 틈틈이 금융 관련 자격증 취득을 위한 공부를 하거나 시험을 봤어요. 도움이 될 만한 책도 많이 읽었죠. 휴가 때는 일하게 될 메트라이프생명 지점을 찾아가 미리 선배들의 노하우를 배우기도 했습니다.

선택한 부분에 대해 추진하는 속도와 집중력이 남달라 보입니다. 자기 확신이 들면 적극적으로 나서는 편인가요?

기질적으로만 보면 매우 내성적이에요. 다만 어떤 욕구가 더해져 일단 하기로 결심하면 그다음부터는 '어떻게 하면 이 일을 잘할 수 있을까'에 에너지를 쏟습니다. 고등학생 때의 성취 경험에서 자신감을 얻은 덕분인데요. 고2 때 담임 선생님의 추천으로 학생회장 선거에 출마했을 때의 일이에요. 이미 막강한 영향력의 부모를 둔 후보가 있었지만, '학우들에게 좋은 사람으로 인정받고 싶다'는 욕구가 잠재된 도전 의식과 승부욕을 깨우면서 제가 잘할 수 있는 걸 찾아보게 되었어요. 그때 알았죠. 제가 사람에 대한 호기심이 많고, 타인의 이야기를 듣는 걸 좋아한다는 것을요. 그래서 점심시간마다 교실로 찾아가 학우들의 이야기를 들었고, 그 과정에서 마음을 얻어 변방의 후보에 불과했던 제가 학생회장에 당선될 수 있었어요. 학생회장에 출마했을 때 인정 욕구가 작동했다면, 진로를 정할 때는 평범한 삶을 되찾고 싶은 욕구가 강렬하게 작동했어요. 당시 아버지가 빚보증을 잘못 서면서 집안이 한순간에 몰락했거든요. 당장 돌아갈 집조차 없을 만큼 절박한 상황에 내몰리다 보니 물러설 곳이 없었고, 결정을 마친 후에는 다음 단계인 잘하기 위한, 저만의 차별화된 전략을 찾는 데 집중했죠.

차별화된 전략은 어디서 찾아졌나요?

저와 비슷한 시기에 보험설계사를 시작한 동기들이 제법 많았어요. 한자리에 모였을 때 동기들이 나누는 대화는 대부분 '이 일이 안 되었을 때'를 전제로 두고 있었어요. 반면에 저는 처음부터 스스로 퇴로를 차단하고 배수의 진을 쳤어요. '어떻게 하면 내가 선택한 일을 잘할 수 있을까'에만 골몰했죠. 그때 떠오른 게 사람에 대한 호기심과 연구였어요. 고등학생 때 학생회장에 출마하며 발견한, 사람을 관찰하고 연구하는 감각이 고객을 만났을 때 저만의 차별화된 강점이 될 수 있다고 생각했어요. 저는 달변도 아니고 활달한 성격과는 거리가 멀지만, 일대일로 만났을 때라면 깊이 있는 대화를 나눌 자신이 있었습니다. 외향적인 동기들이 자신을 브랜딩하고, 동 시간대에 열 명을 만나 프로스펙팅하거나 고객을 유치할 때 저는 한 명씩 열 번을 만나는 방식을 택한 거죠. 그렇다 보니 초반에는 저의 방식을 걱정스럽게 바라보는 시선이 많았어요. 한번은 동기가 저의 목소리 톤과 화법을 지적하며 두 시간에 걸쳐 개인 코칭을 자처하기도 했었죠. 하지만 두어 달 만에 일을 그만둔 건 제가 아니라 그 동기였어요.

.... 한 조사에 의하면, 보험설계사로 입문해 1년 안에 그만두는 비율은 대략 60퍼센트 정도. 이세혁은 초창기 매니저들 사이에서 6개월 안에 그만둘 신입 설계사 후보 1순위로 꼽혔다. 내성적인 성향이 두드러진 까닭이었다. 물론 이세혁은 성격을 외향적으로 바꾸려는 시도 대신 자신의 강점을 발굴하는 데 집중해 40퍼센트로 남았다. 그렇다면

고수의 언어

일반적으로 통용되는 외향적 기질과 영업 능력 간의 상관관계는 신뢰할 만할까. 미국 미시간주립대학의 배릭 연구팀이 외향적 성격과 영업의 상관관계에 관한 35개의 연구를 종합적으로 분석한 결과, 이 둘 사이의 연결성은 거의 없었다. 호주 최연소 판매왕으로 유명한 매슈 폴러드는 그의 저서 『인트로버트 조용한 판매왕』에서 내성적인 성향의 영업인은 공감 능력, 이해력, 몰입해 경청하는 능력, 철저한 준비 능력 등에서 오히려 탁월하다고 말했다.

내성적 보험설계사의 상담은 어떤 식으로 이루어지나요?

'공감'과 '솔선수범'으로 요약할 수 있겠네요. 제 고객의 대부분은 저와 비슷한 연령대의 MZ세대입니다. 처음에 이 일을 시작할 때 보험설계사에 대한 이미지를 물어봤더니 '고객을 위하기보다는 자신의 보상과 커리어가 우선인 사람'이라는 부정적 인식이 강했어요. 이러한 선입견을 바꾸지 않고는 고객 유치는커녕 상담조차 어렵겠단 생각이 들었습니다. 그래서 고객이 원하는 보험설계사가 되어보겠다고 다짐했죠.

우선은 고객과의 약속이 정해지면 배우처럼 고객의 상황에 감정을 이입해가며 현재 어떤 고민이 있을지, 어떤 이야기에 관심을 둘지 연구하는 시간을 충분히 가졌습니다. 동종 직업군 인물들의 인터뷰를 검색해보기도 하고, 업종 관련 트렌드를 조사하며 공감대를 넓히기 위한 사전 준비를 철저히 했어요. 보험설계사의 역할을 단순히 정보 전달자로서 고객이 모르는 부분을 채워주는 데 두지 않고 이를 넘어서보고자 했던 것입니다. 제가 처했던 상황과 비슷할 때는 제 경험을 솔직하게 털어놓고 그로부터 어떻게 노력해 변화해왔는지를 설명하면서 공감을 끌어냈어요. 우리는 힘들 때 비슷한 상황에 놓인 사람들의 책이나 유튜브 등을 찾아보며 힘을 얻거나 해법을 찾곤 하는데, 저는 사람들을 만나는 게 직업이다 보니 여러 사례를 많이 알고 있잖아요. 이를 데이터베이스 삼아 좀 더 친근하고 가까운 이들의 이야기 속에서 고객에게 도움이 될 만한 사례를 끄집어내는 데 주력했어요. 이를 위해 고객과 관련한 이야기들을 기억하기보다 기록하려고 노력합니다.

기억하기보다 기록하려고 한다는 말이 인상적입니다. 기록은 어떤 식으로 합니까?

고객을 한 시간 만난다고 했을 때, 40분은 오롯이 고객 이야기를 듣는 데 씁니다. 저는 그때 들은 이야기들을 세세하게 기억하는 보험설계사가 되고 싶었어요. 그래서 고객이 들려준 이야기는 모두 에버노트에 빼곡하게 기록합니다. 계약 관련한 내용뿐만 아니라 고객이 가볍게 건넨 사소한 이야기까지 다 남겨둬요. 예를 들어 어머니가 내

고수의 언어

성 발톱으로 고생 중이라는 가족의 소소한 근황이나 복숭아를 먹을 수 있어서 여름을 좋아한다는 시시콜콜한 이야기까지 전부 기록하죠. 고객이 들려준 내용뿐만 아니라 그날 고객이 두른 스카프가 무슨 색이었는지, 어떤 음료를 먹었는지도 빼놓지 않습니다. 이런 기록들은 모두 다음에 고객을 만났을 때 좀 더 밀접한 대화를 할 수 있는 중요한 힌트가 되죠. '어머니 내성 발톱은 잘 치료가 되었는지'로 대화를 시작할 수도 있고, '지난번엔 노란색 스카프를 매셨었는데, 오늘은 패턴이 화려한 스카프를 하고 오셨네요'라면서 한 발짝 다가갈 수도 있습니다. 만나러 가는 길에 고객이 좋아하는 꽃이나 맛있는 복숭아를 준비할 수도 있고요. 에버노트와 별개로 항상 갖고 다니며 수기로 기록하는 다이어리도 있습니다. 고객을 만나기 전에 제가 어떤 일정을 보냈고, 고객 미팅과 관련해 어떤 준비를 했는지 모든 알리바이가 이 한 권에 낱낱이 기록되어 있어요. 어느새 고객과 함께하는 일상을 기록한 이런 다이어리가 일곱 권으로 늘어났고, 고객은 600명이 넘었네요.

················ 보험영업을 시작한 2016년부터 하루도 거르는 일 없이 일상을 기록해왔다는 이세혁이 펼쳐 보인 다이어리에는 색색의 형광펜으로 강조 표시가 되어 있는 메모들이 빼곡했다. 사용한 색은 제각기 다른 의미를 지닌다. 초록은 회

사 관련 업무나 강의에 관한 내용에, 분홍은 고객의 청약 관련 메모에, 주황은 고객관리에 필요한 메모에 덧칠할 때 쓰는 식이다. 그가 지금과 같은 기록의 습관을 몸에 익힌 건 군 장교 복무 시절부터였다. 부하들의 일상을 최대한 디테일하게 기록하고 개개인의 신상을 꼼꼼히 살피는 게 장교의 중요한 일과였던 까닭. 그러므로 기록하는 습관 또한 자신이 늘 해오던 일, 자신이 잘하는 일을 차별화된 강점으로 활용한 예시 중 하나인 셈이다.

고객 수가 제법 많습니다. 고객과의 접점은 어떻게 넓혀왔습니까?

디지털 세대인 만큼 디지털 툴을 적극적으로 활용했어요. 특히 초창기에는 메트라이프생명 선배 보험설계사의 노하우를 응용해 재테크 블로그를 운영했어요. 당시의 트렌드를 반영해 동년배인 사회 초년생에 맞춤한 재테크 정보를 카드 뉴스 형식으로 소개하고, 네이버 신청 폼으로 재테크 상담을 요청받아 직접 만나러 다녔어요. 초반에는 구독자가 없어서 한 달에 200만 원가량의 광고비를 투자해가며 구독자를 4만 9,000여 명까지 늘리는 모험을 강행했죠. 다행히 한 달에 그중 40~60명가량이 상담을 신청해왔고, 상담한 이들 중 25퍼센트 정도는 고객이 되었어요. 이러한 방식의 영업이 가능했던 건 2년여에 불과했지만, 현재 600여 명의 제 고객 중 30퍼센트 정도는 그때 블로그를 통해 인연을 맺은 이들입니다.

카카오톡은 새로운 고객의 유입보다는 기존 고객을 그룹으로 나누어 관리하는 용도로 활용하고 있어요. 소개의 출발점이 된 고객을 중심으로 이후 소개받은 고객들을 하나의 그룹으로 묶어 필요한 정보를 필터링해 제공하는 식이죠. 현재 열두 개 정도의 그룹이 있는데, 그룹마다 업로드하는 정보가 다릅니다. 줌은 코로나19 이후에 사용하기 시작해 지금도 간단한 리뷰 등을 할 때 활용해요. 줌으로 만난 고객이라도 한 달 이내에 무조건 대면 상담한다는 원칙을 세워두고, 지키려고 노력하죠.

물론 디지털 세대라고 해서 디지털에만 기대는 건 아니고요. 오히려 베이스에는 아날로그적인 감성이 자리하고 있어요. 대표적으로 두 달에 한 번 제 나름의 콘텐츠로 구성한 소식지를 고객에게 보냅니다. 보험설계사로서 제 가치관을 담은 글을 제외하고는 그때그때 이슈인 각 분야의 뉴스를 큐레이션하죠. 마지막 지면에는 다른 분야에서 영업하는 고객을 홍보하는 글을 올려요. 물론 저의 근황도 빼놓지 않고 담습니다.

·············· 최근 발행한 소식지에 이세혁은 매주 세 건 이상의 계약을 의미하는 STAR 300주 연속 달성 소식을 전했다. 고객의 담당 보험설계사가 이처럼 성실하게 일하고 있고, 그

덕분에 보험설계사로서 한 단계 성장했다는 것을 가장 먼저 고객에게 알리고 싶어서였다.

비교적 이른 시간에 큰 성과를 냈습니다. 그사이 번아웃은 없었나요?

지난해 초, 코로나19에 감염되면서 활동에 제동이 걸린 적이 있었어요. 주말까지 오직 고객에게 주파수가 맞춰진 생활을 해오다가 멈추고 보니, 이제껏 일궈온 커리어가 영원하지 않으리라는 불안감부터 앞날에 대한 막연한 두려움까지 온갖 복합적인 감정이 밀려왔습니다. 그때 유튜브에서 매우 인상적인 영상을 보게 되었는데요. 교수가 그릇 하나에 골프공을 가득 채운 후 학생들에게 이렇게 물어요. "이 그릇은 다 찼을까요?" 학생들은 그렇다고 답하죠. 그런데 학생들이 다 찼다고 말한 그릇에 교수가 모래를 붓기 시작해요. 만일 모래로 먼저 그릇을 채우기 시작했다면 공이 들어가지 않았겠지만, 공을 먼저 채우고 모래를 채우는 건 가능했던 거죠. 그 영상을 보며 처음으로 그간의 삶을 찬찬히 돌아보았는데, 고객으로만 가득하고 정작 제가 없더군요. 그래서 고객을 만날 수 없는 상황이 되니 문득 제 삶이 아무것도 아닌 것처럼 불안하고 막막했던 거예요. 제가 가장 소중하게 여겨온 고객도 제가 건재해야 오래오래 지킬 수 있는데, 저 자신을 돌보는 데 너무 소홀했었던 거죠. 당장 고갈된 체력부터 채워야겠다는 생각에 운동을 시작했습니다.

고수의 언어

이 일을 꾸준히 해나가는 동력은 무엇입니까?

우리가 흔히 보험영업의 어려움이라고 말하는 부분, 즉 누군가에게 보험상품을 설명하고 가입을 제안하는 일을 가장 잘 해결할 수 있는 열쇠가 호기심에 있다고 생각해요. 고객에게 이 보험이 왜 필요한지, 고객과 고객 가족에게 어떤 도움을 줄 것인지에 대한 답을 생각해보는 것은 고객의 삶에 관한 관심과 더 알고 싶다는 호기심 없인 불가능해요. 제 경우에는 특히나 고객과의 공감대 형성은 물론이고 대화의 막힘과 엉킴을 풀어주는 윤활유 역할을 해주는 게 호기심이었어요. 제가 하는 일의 모든 불꽃은 호기심으로부터 점화됩니다.

아인슈타인은 '문제를 만드는 것은 이를 해결하는 것보다 중요하다'며, 좋은 질문을 발견하는 것의 중요성을 강조했다. 소크라테스는 '산파술'로 불리는 문답법을 통해 상대방을 가르치고 설득했다. 유대인들은 스승이 제자에게 끝없이 질문하고, 또 제자들이 스승에게 끝없이 질문하는 과정을 되풀이하며 지식을 쌓는 걸로 유명하다. 구글, 애플, 휴렛팩커드 등 수많은 기업을

전영주의 질문

컨설팅한 조직 심리학의 대가 에드거 샤인은 50여 년의 연구 끝에 성공하는 리더의 핵심 도구로 '질문'을 꼽았다. 세계적인 기업의 최고 경영자들과 비즈니스 스쿨 학생들이 가장 존경하는 인물로 꼽는 미국의 경영학자이자 작가 피터 드러커는 '심각한 오류는 잘못된 답으로 인해 생기는 게 아니라 잘못된 질문을 던지는 것에서 비롯한다'는 말로 질문의 중요성을 짚었다.

전영주

연극 기획가, 텔레마케터 등 다이내믹한 직업의 변화를 거쳐
2008년 보험업에 입문, 이듬해부터 2023년까지 한 해도 거
르지 않고 회사 영업 시상식 무대에 올랐다. 좋은 질문으로
고객 스스로 니즈를 발견하게 한 뒤, 함께 해답을 찾아가는
과정을 통해 공감과 설득을 끌어낸 것이 그 비결이다.

"좋은 질문은 고객이 스스로 문제점을 발견하게 하고 스스로 니즈를 느끼게 해줍니다. 보험설계사는 고객이 그 해답을 찾아가는 과정을 돕고 함께하는 파트너인 거죠. 고객의 삶에 호기심을 갖고 질문한 다음, 고객의 이야기에 집중하면 그 속에서 다음에 던질 더 좋은 질문을 찾을 수 있어요. 그랬을 때 고객의 진짜 고민과 니즈를 파악하게 되고, 그에 따른 솔루션을 제공할 수 있죠."

경남 의령에서 태어나 현재 마산에서 일한다고 하셨는데, 사투리가 느껴지지 않습니다.

10대 후반부터 20대 초반까지 대학로에서 연극 기획을 했던 경험이 사투리를 교정하는 데 도움이 되었어요. 그때 함께 일했던 대표가 깐깐하기로 유명했는데, 저의 섭외력을 두고 '열 남자 부럽지 않다'라며 칭찬도 많이 해주셨어요. 하지만 사투리만큼은 엄격하셨죠. 아쉽게도 5년 정도 일하다 연극 무대의 꿈을 접고 청소년기를 보낸 경남 창원으로 다시 내려오게 되었는데, 이곳에서 텔레마케터로 일하는 동안 표준어가 입에 더 붙게 되었어요.

·············· 연극판에서 일하던 시절 전영주는 당대 최고의 인기를 누렸던 윤복희, 윤석화, 유인촌, 채시라 같은 대배우들과 전국 투어를 다녔다. 그들과 섞이며 예의를 갖추되 주눅 들지 않는 당당함과 상황에 따른 유연한 대응력 등 사람을 대하는 세련된 매너와 태도를 익혔다. 텔레마케터로 일했던 7년 동안에는 목소리에 마음을 담는 법, 적극적이고 능동적인 화술, 대화의 방향을 바로잡는 법, 고객의 니즈를 간파하는 경청 능력, 거절에 좌절하지 않는 꿋꿋한 인내심 등을 습득했다. 그는 이처럼 경험치에서 뽑아낸 유용

고수의 언어

한 성분들을 보험업을 하며 적재적소에 꺼내 썼다.

연극계에서 텔레마케터로, 직업의 변화가 다이내믹합니다. 보험업을 시작하게 된 계기는 무엇입니까?

2007년 봄에 감당하기 어려운 경제적 리스크를 안게 되었어요. 둘째 아이가 생기는 바람에 부담은 더욱 커졌죠. 그때 주변에 보험업을 권유하는 사람들이 많았어요. 처음엔 보험업에 대한 부정적 인식이 강해서 흘려들었지만, 경제적 어려움에, 초등학교 입학을 앞둔 첫 아이와 곧 태어날 둘째를 생각하면 돈을 벌어야 했어요. 그런데 남편과 시댁의 반대는 물론이고 최종 면접자였던 본부장조차도 저를 거절하셨죠. 갓 태어난 아이를 친언니에게 맡기고 일하겠다는 상황이었으니까요. 아이 핑계 대는 일은 절대 없게 하겠다는 각서까지 쓰고서야 일을 시작할 수 있었습니다. 그만큼 절박했어요.

.... 당시의 상황을 떠올리며 그는 전쟁터에서 1만 대군에 맞서 혼자 싸우는 심정이었다고 말했다. 철저하게 고립되었다고 느낀 상황에서 전영주는 도망치는 대신 정면 돌파를 택했다. 삶의 컨트롤 타워를 누구도 아닌 자신으로 맞추고 현실을 직시했다.

보험업을 시작하자마자 놀라운 성과를 거두셨어요. 비결이 있었나요?

처음엔 오기였어요. 모두에게 무언가를 보여주려면 객관적으로 인정받는 성과를 내는 것밖에 없겠다고 생각했죠. 그때 제 눈에 들어온 게 메트라이프생명의 대표적인 베니핏 제도인 MPC*와 보험업계가 인정하는 자격 기준인 MDRT**였어요. 2008년 6월 15일에 입문했으니 그해 일할 수 있는 시간은 6개월이 채 남지 않은 상황이었지만 MPC 시상식 참석과 MDRT 달성을 위해 시간을 쪼개고 하루를 늘려가며 정말 열심히 했어요. 그리고 6개월 후 두 개의 목표를 모두 거머쥐었죠. 특히 MPC는 해외여행에 가족을 초대하는 혜택이 주어져, 박수를 한 몸에 받는 제 모습을 남편에게 보여줄 수 있었어요. 그때 돌아오는 비행기에서 남편이 했던 말은 저를 더욱 자극했어요. "앞으로 Bronze 정도로는 시상식에 초대하지 말고 적어도 Gold 이상 달성하면 불러." 당시에는 서운해서 비행기 차창을 보며 눈물을 흘렸는데, 결과적으로 불가능하다고 여겼던 목표 지점을 향해 더 나아가게 했죠.

---

* MPC(MetLife President's Council)는 1년 단위로 실시하는 메트라이프생명의 시상 프로그램으로, 직전 1년간 영업 성과에 따라 Champion, TOP President, Gold, Silver, Bronze 상을 수여한다.

** 1927년 미국 멤피스에서 시작된 MDRT(Million Dollar Round Table, 백만 달러 원탁회의)가 약 1억 5,000만 원의 초년도 보험료나 약 6,000만 원의 수수료 실적(구체적 달성 기준은 매년 조금씩 변경됨)을 달성한 설계사들에게만 부여하는 회원 자격. 고도의 전문 지식과 윤리성, 고객 서비스 역량 등까지 요구하고 있어 보험·재무 설계 분야 명예의 전당으로 알려져 있다. 회원 등급은 3단계로 MDRT, COT(MDRT 실적의 3배), TOT(MDRT 실적의 6배)가 있다.

고수의 언어

.... 신인 자격으로 6개월 만에 MPC Bronze와 MDRT를 동시에 이뤄낸 전영주는 이후 한 해도 빠짐없이 MPC 시상식에 남편을 초대할 수 있었다. 첫해 MPC Bronze로 출발해 지금까지 두 번의 Gold 외에 모두 MPC TOP에 오른 것이다. 특히 입문 이듬해 MPC TOP에 등극하는 과정은 '인간 승리의 드라마' 그 자체였다.

제가 보험업에 뛰어든 초창기는 금융 위기로 경제 상황이 매우 암울했어요. 직격타를 맞은 금융권 중에서도 보험산업은 특히나 심각했죠. 고객이 무더기로 계약을 미유지하면서 보험업에 종사했던 선배 설계사들의 이탈이 속출했어요. 당시 메트라이프생명은 어려운 상황에서 일하는 설계사들을 격려하고 위기를 극복하자는 차원에서 파격적인 보상 베니핏을 발표했습니다. MPC TOP 달성자 모두에게 터키, 그리스 투어와 함께 베네치아에서 출항하는 크루즈 여행을 제공한다는 것이었죠. 그 발표를 듣고 신인인 제가 전 지점 식구들 앞에서 최고 그레이드인 TOP President를 달성하겠다고 선언을 했어요. 도전하겠다고 하면 도전에 그칠 것 같아서 달성하겠다고 선포를 한 거죠. 그런데 반응은 싸늘하다 못해 비웃는다고 느껴질 정도였어요. 그럴 만한 게 전 겨우 1년 차 신인이었고 경제 상황 또한 최악인 금융 위기인데다 그 순간까지 이루어놓은 업적이 TOP 달성 기준의 절반에도 못 미치는 수준이었거든요. 남은 기간은 3개월. 돌아보면 그때가 제 인생을 통틀어 가장 열심히 살았던 시간이었어요. 자다가 악상이 떠오르면 바로 기록하려고 안경을 쓰고 잤다는 슈베르트처럼 언제든 고객과 상담할 준비가 되어 있었죠. 하루의 상담이 끝나고 시계를 보면 자정이 지나 있곤 했어요. 그런데 누가 등 뒤에 사냥개라도 풀어놓은 것처럼 바쁘게 뛰면서도 고객을 위한 솔루션보다 조급함이 앞설 때는 스스로 활동의 전원을 끄고 3일간 재정비 시간을 가졌어요. 그런 다음 다시 시작하면 이전보다 능률이 훨씬 높게 나타났죠.

그렇게 해서 그해 연말에 MPC TOP에 올랐고 저와 지점의 기네스(신기록)도 새로 쓰게 되었는데, 예상치 못한 제일 큰 선물 하나가 더 기다리고 있었어요. 1년 중 가장 경쟁이 치열한 사사분기 전사 건수 챔피언이라는 보너스였지요. 지금도 챔피언의 위엄인 붉은 휘장을 두르고 스피치했던 기억이 생생합니다.

챔피언 스피치에서 어떤 말을 했는지 기억하시나요?

물론이죠. VIP석을 비롯해 수십 개의 원형 테이블이 놓인 호텔 연회장에서, 그해 마지막 분기 최고의 업적을 기록한 대선배들부터 신인상을 받고 상기된 후배들까지 모두의 시선이 조명과 함께 오직 저 한 사람만을 비추던 그 순간, 덜덜 떨면서 이렇게 말했어요.

"안녕하세요, 마산지점 전영주입니다. 보시다시피 저는 뉴 페이스입니다. 하지만 저는 이 자리에 네 번째 올라와 수상 소감을 얘기하고 있습니다. 물론 여기 계신 분들은 이전 세 번의 스피치를 들으신 적이 없으실 겁니다. 저기 맨 뒷줄에 앉아서 무대에 오른 선배님들의 스피치를 들으며 제 상상 속에서 했으니까요. 저는 그 세 번의 상상 속 스피치가 오늘 저를 이 자리에 오르게 했다고 생각합니다. 모두가 불가능한 꿈이라고 말했던 TOP을 달성하기 위해 미친 듯 뛰어다니며 이 순간을 상상했고, 매일 챔피언이 된 것처럼 수상 소감을 중얼중얼 연습했어요. 그랬더니 어딘가에서 지켜보고 있던 신들이 '옜다, 이것도 가져라'라며 '건수 챔피언' 수상까지 보너스로 주신 것 같습니다. 선배들께는 감히 드릴 말씀이 없고, 오늘 신인상 받으러 오신 맨 뒷자리의 후배들께 여기 이 자리에 서서 챔피언 스피치하는 본인의 모습을 상상해보라고 당부하고 싶습니다. 그러면 어느 날 이 자리에 올라와 본인의 이야기를 후배들에게 전하게 될 거라 확신합니다."

그날의 스피치는 듣는 이들에게도 인상적으로 남았을 것 같습니다. 이후에도 스피치나 강연으로 사람들 앞에 설 일이 많았던 걸로 압니다. 회사 채널에서 '전영주가 만난 사람들'이란 토크쇼도 진행하셨지요?

　　보험업을 하며 재미와 보람을 느낀 적이 제법 많았는데, 그중에서도 사내 토크쇼 형식으로 진행했던 '전영주가 만난 사람들'은 매우 유익한 경험이었어요. 매일 고객만 마주하다 동료 설계사나 메트라이프생명 CEO 등과 함께 모두가 궁금해할 법한 이야기를 나누는 시간을 갖는 게 긴장도 되었지만 설렘이 훨씬 컸어요. 그때 다양한 이들과의 만남에서 얻은 에센스가 이후 제 삶에 잘 스며들어 좀 더 발전할 수 있었다고 생각합니다. 오프라 윈프리를 동경해 '오프라 윈프리 쇼' 같은 형식의 토크쇼를 진행해보고 싶다는 꿈이 있었는데, '전영주가 만난 사람들'을 통해 그 소망을 이룰 수 있었고요. 과분하게도 '메트의 유재석'이라는 닉네임까지 선물 받았죠.

보험업을 할 때 고수하려는 원칙이 있습니까?

주변의 설계사들을 보면 가망고객 발굴을 위한 프로스펙팅(prospecting) 차원에서 외부 모임을 활용하는 경우가 적잖이 있어요. 하지만 저는 외부 모임과 일 사이에는 연결 고리를 달지 않습니다. 보험업은 오직 상담을 통해 고객에서 다른 고객으로만 넓혀가죠. 성향이 단순한 편인 저에게는 변수를 늘리지 않는 게 또 다른 최선이기 때문입니다.

고객 상담을 잘하는 특별한 노하우가 있나요?

저는 상담할 때 몸의 위치는 고객과 서로 마주하지만, 마음의 위치는 고객 옆이어야 한다고 강조합니다. 같은 방향에서 고민해야 고객의 마음과 입장을 제대로 이해할 수 있고, 설득의 관점이 아니라 고객의 관점에서 꼭 필요한 상품을 제시하게 되기 때문이에요. 또 고객과 상담할 때 흔하게 범하는 실수 중 하나가 고객 이야기에 공감한다는 명목으로 자기 이야기를 늘어놓는 거예요. 이 경우 고객 얘기는 충분히 듣지 못한 채 시간만 훌쩍 지나버리게 됩니다.

제가 상담할 때 주로 쓰는 방법은 '질문'이에요. 저는 습관처럼 좋은 질문에 대해 고민해요. 이를테면 특정 상품을 거부할 때는 그 이유나 계기를 물어보는 게 우선되어야 해요. 문제점을 들춰내고 현안을 들여다본 후 무엇을 도와드리면 좋을지 질문하죠. 솔루션에 대한 고민은 그다음에 합니다. 예를 들어 태아보험 관련 상담을 할 때, 설계사에게는 큰 계약이 아닐 수 있지만, 고객에게는 '세상에서 가장 소중한 내 아이를 위한 첫 결정'이라는 점에 공감해야 해요. 그러니 먼저 축하 인사를 건넨 후 "태아보험은 누구를 위해 가입한다고 생각하세요?"라는 질문으로 상담을 시작하는 게 좋아요. 보통 태아보험은 아이를 위한 보험이라 생각하기 때문인데요. 이 질문을 시작으로 태아보험은 사실 부모를 위한 보험임을 인지하게 하는 거죠. 아이가 아프면 결국 생활적, 경제적 리스크 모두가 부모를 향하니까요.

이처럼 좋은 질문은 고객이 스스로 문제점을 발견하게 하고 스스로 니즈를 느끼게 해줍니다. 보험설계사는 고객이 그 해답을 찾아가는 과정을 돕고 함께하는 파트너인 거죠. 고객의 삶에 호기심을 갖고 질문한 다음, 고객의 이야기에 집중하면 그 속에서 다음에 던질 더 좋은 질문을 찾을 수 있어요. 그랬을 때 고객의 진짜 고민과 니즈를 파악하게 되고, 그에 따른 솔루션을 제공할 수 있죠.

꾸준히 고수해온 신념이 있는 걸로 압니다.

'진심은 지구도 움직인다'예요. 저의 좌우명으로, 강의 제목이나 클로징 멘트로 자주 사용할 뿐만 아니라 멘티들에게 조언할 때도 빠뜨리지 않는 말입니다. 저의 고집스러운 신념 중 하나인 셈이죠. 말속에 의미가 드러나지만 굳이 설명하자면 '지구도 움직인다는 진심이 사람 마음 하나 못 움직였다면 아직 자신의 진심이 부족하거나 덜 닿았다'라고 생각하자는 얘기예요. 그러니 스스로 상처받거나 좌절하지 말고, 좀 더 우리 업에 대한 신념을 갖고 진심을 담아보자, 하는 의미지요.

보험업을 시작하는 이들에게 건넬 조언이 있나요?

보험설계사는 문턱이 낮아서 누구나 마음만 먹으면 들어올 수 있다고 생각들 해요. 그래서 더 스스로 직업의 문턱을 높인 채 일해왔기 때문에 오늘까지 잘 걸어온 것 같아요. 그리고 외적인 동기 부여가 함께 되어준 건 메트라이프만의 MPC, MDRT, Honors Club* 등의 보

---

* 오랫동안 상위 업적을 낸 설계사들에게 베니핏을 부여하기 위한 메트라이프생명의 제도로서 9급이 최고 등급이다.

상 프로그램이에요. 처음엔 넘어서야 할 높은 언덕과도 같았지만, 지금은 든든하게 지켜주는 울타리가 되었죠. 그러니 문턱이 곧 자기만의 가치, 지지선이라는 생각을 갖고 스스로 문턱의 높이를 끌어올려 볼 것을 당부드리고 싶습니다.

'배움'은 흔히 교육으로 풀이되지만 가르침과 계몽 등의 뜻도 내포하고 있다. 영영사전에서는 'educate'를 '누군가를 삶의 더 나은 방향으로 갈 수 있도록 안내하는 일'이라고 설명한다. 2019 년 〈타임〉이 선정한 '세계에서 가장 영향력 있는 인물 100인' 중

최정임의

배움

한 명인 작가 타라 웨스트오버는 그의 책 『배움의 발견』을 통해 이렇게 말했다. '진정한 교육, 즉 배움은 그저 자기 자신을 발견해나가는 과정, 자아를 인식하고 스스로 생각을 발전시켜나가는 과정이다.'

최정임

20여 년간 유아 교육 현장에서 일하다 2012년 보험업을 시작해 꾸준히 우수한 실적을 쌓아왔다. 교육과 보험영업은 상대를 이해하고 설득하는 과정이 필요하다는 공통점을 갖고 있다는 그는 여전히 끊임없는 배움 속에서 답을 얻는다고 말한다.

"방법이 떠오르지 않는다면 주변에서 멘토를 찾아 공부하세요. 공부에는 끝이 없다는 말처럼, 보험에 관한 배움 역시 끝이 없어야 해요. 보험설계사는 해당 분야의 전문가로서 배움에 편견과 두려움이 없는 사람이 되었으면 합니다."

셔츠에 정장 차림이 잘 어울리시는데요. 늘 정장을 입으시는 편인가요?

일할 때는 항상 셔츠를 입어요. 액세서리도 하지 않죠. 누가 가르쳐준 건 아니고, 오래전부터 습관처럼 몸에 뱄어요.

⋯⋯⋯⋯⋯ 운동할 때 종목에 맞는 운동복을 갖춰 입듯 일할 때는 항상 셔츠를 고집할 뿐만 아니라 맨 위쪽 단추까지 꼭 채운다는 최정임. 악기 연주자가 본 공연에 앞서 악기를 조율하듯, 그는 옷매무새를 바로잡는 것으로 고객 앞에 서는 자기 모습을 정돈한다. 그렇게 했을 때 좀 더 말투가 단정해지고 목소리에 안정감이 실린다고 믿기 때문이다.

오랜 기간 교육 분야에 몸담아온 걸로 압니다. 어떤 일을 하셨나요?

20여 년 동안 유아 교육 분야에서 놀이학교 원장이자 교육 강사로 일했어요. 보험업으로 전환하기 직전에는 경제 교육에 특히 관심을 두고 박사 논문을 준비하고 있었죠. 한데 목을 많이 쓰는 일을 오래 해서인지 성대결절이 생겼어요. 강사 일을 그만두지 않으면 목소리가 아예 나오지 않을 수도 있다는 담당 의사의 경고를 듣고 멈출 수밖에 없었죠.

　　　　　　　　　　　　　　　　　　　고수의 언어

보험업을 시작할 때 미션이 있으셨다고요?

보험업계로 이끌어준 멘토가 있었는데, 이 일을 하려면 그 전에 꼭 해두어야 할 게 하나 있다고 하셨어요. 남편에게 허락받는 거였죠. 그 이유는 보험업을 시작하고 얼마 후에 알게 되었어요. 새로운 일을 시작하는 단계에서는 다른 일에 모두 관심을 끄고 온전히 집중해야 하는 시간이 필요한데, 그러자면 남편의 협조가 반드시 따라야 했죠. 다른 한편으로는 남편을 설득하는 게 보험업의 시작이었다는 생각도 듭니다. 수십 년간 함께 살아왔고, 내 편이 되어줄 가능성이 가장 큰 남편조차 설득하지 못한다면 오직 일로 만난 고객의 마음을 어떻게 움직일 수 있겠어요.

사람들 앞에 선 경험이 풍부하신데, 그만큼 고객을 만나는 일이 수월했겠어요.

그렇지 않았어요. 보험설계사로서 저를 바라보는 고객의 시선이 처음엔 어렵고 힘들었어요. 교육 강사로 일할 땐 질문하라는 말을 많이 했는데, 보험설계사가 되니 고객이 무슨 질문을 할까 봐 두려웠어요. 제대로 답변을 못 할 수도 있다는 불안감 때문이었죠. 앞에 앉은 고객이 무슨 생각을 하는지 감이 오지 않는 것도 답답했어요.

예상 밖의 고충들은 어떻게 해결하셨나요?

공부하며 배웠죠. 하지만 편견을 갖지 않기 위해, 인터넷을 찾아보거나 사람들에게 물어보며 배우는 건 지양했어요. 세일즈 자체를 공부하지도 않았어요. 제가 관심을 둔 대상은 '세일즈를 하는 사람'이었어요. 그래서 멘토가 될 만한 사람의 책과 강의를 열 번씩 반복해 보면서 그가 하는 이야기의 의도와 방법을 이해하고 배우려고 노력했죠. 그중에서 제게 가장 큰 도움을 주신 분은 메트라이프생명의 박영호 설계사였어요. 그를 통해 배운 '세일즈 프로세스 7단계'를 참고해 월요일에서 금요일까지 매일 세 명의 유효 상담 진행을 목표로 삼았습니다. 목표가 채워지지 않으면 주말을 할애해서라도 달성했죠.

영상에서 본 한 피트니스센터 관장님의 이야기도 마인드셋에 도움이 되었어요. "수십 년간 운동했지만 이런 나도 정말 운동하기 싫을 때가 있어. 그래도 일단 헬스장에 나오면 뭐라도 하게 되니 아무것도 안 한 사람보다 절반은 성공한 거야." 보험영업도 비슷해요. 가끔은 지점 사무실에 눌러앉고 싶지만, 아침 미팅이 끝나면 일단 밖으로 나옵니다. 그것만으로 사무실에 있는 것보다 일이 성사될 가능성이 훨씬 커지죠.

·············· 최정임은 어떤 일을 할 때 지식과 정보를 중요한 자산으로 삼는다. 분야에 상관없이 많이 알면 알수록 통찰력의 폭이 커져 성공의 패턴이나 특이점을 잘 포착할 수 있기

때문이다. 오랜 기간 교육 강사로 일한 덕에 본인이 가진 지식을 수시로 업데이트하는 데 단련된 그는 보험업으로 전환하고 겪는 혼란과 두려움을 걷어내는 도구로도 언제나처럼 배움을 택했다. 그리고 그 방법은 예외 없이 주효했다.

교육 분야와 보험영업을 관통하는 공통점이 있습니까?

제 관점에서 보면 교육과 보험영업은 통하는 부분이 많아요. 현장에서 부딪혀봐야 비로소 어떻게 아이들을 가르쳐야 할지 알게 되는 것처럼, 보험영업도 고객과 마주해보아야 소통의 길을 어떻게 만들어나갈지 감이 오죠. 같은 교육을 해도 학생마다 흡수하는 정도와 해석이 다르듯 고객 역시 이해하고 받아들이는 점이 제각각이에요. 교육과 보험 모두 상대를 이해하고 설득하는 과정이 필수적입니다.

어떤 이들에게 보험업을 권유하고 싶으세요?

보험영업이라고 하면 막연히 겁부터 내는 사람이 많습니다. 저도 겁이 많은 편에 속하죠. 그런데 직접 경험해보니 어쩌면 보험업은 겁이 많은 사람이 해야 하는 일이에요. 제 생각에 겁이 많은 사람은 크게 두 부류로 나뉩니다. 겁이 나면 눈을 가리고 숨는 사람도 있지만, 어떤 사람은 겁이 나기 때문에 더 신중하게 행동하며 배움에 집중합니다. 보험업은 후자의 겁쟁이에게 적합한 일이죠. 겁이 많지만, 그래서 더 많이 알려고 하는 마음을 가진 사람이라면 보험영업을 잘할 수 있어요.

·············· 두려움을 느낀다는 건 위험의 실체가 무엇인지 이해했다는 뜻이기도 하다. 그래서 그것은 오히려 안전을 향해 나아갈 용기를 북돋운다. 두려움을 느끼지 못한다면 용감해질 이유도 없는 것이다. '두려움과 용기는 한 이불을 덮고 잔다' '용기는 두려움의 형제' 같은 말은 이런 의미에서 나왔다.

보험업을 하며 힘들어하는 이들에게 해주고 싶은 말이 있을까요?

보험업을 혼자 하는 영업이라고 생각하지 마세요. 우리가 물건을 구매하면 동봉된 매뉴얼부터 숙지하듯 보험업은 보험회사에서 프로그램화한 교육을 기본으로 삼으면 됩니다. 이를 자신의 영업 스타일에 맞게 어떻게 활용할지 고민하는 게 좋아요. 그래도 방법이 떠오르지 않는다면 주변에서 멘토를 찾아 공부하세요. 공부에는 끝이 없다는 말처럼, 보험에 관한 배움 역시 끝이 없어야 해요. 보험설계사는 해당 분야의 전문가로서 배움에 편견과 두려움이 없는 사람이 되었으면 합니다.

앞으로 어떤 계획이 있는지 궁금합니다.

후배 양성이에요. 보험업 이전에 오랫동안 교육자로 일해왔던 터라 제가 배운 것을 다른 사람들에게 가르쳐주고 싶은 마음이 본능처럼 자리 잡고 있나 봅니다. 어느덧 보험업 12년 차가 되다 보니 경험으로 알게 된 것이 많이 쌓였어요. 이러한 노하우를 아낌없이 나누는 멘토를 꿈꾸고 있어요. 저는 여러 길을 헤매기도 하고, 더러는 막다른 길도 맞닥뜨렸지만, 후배 보험설계사에게는 가장 효율적인 단축 경로, 지름길을 안내해주고 싶습니다.

'피드백'은 개선을 위한 정보나 의견을 주는 건설적인 행위로, 현대인은 다양한 상황에서 피드백을 주고받으며 살아간다. 미국의 유명 경영학자인 피터 드러커는 '삶을 바꾸는 데 필요한 것은 단 하나, 바로 피드백이다'라는 말로 피드백의 중요성을 강조한 바 있다. 하버드협상연구소에서 연구한 대화의 기술을 엮어낸 책 『일의 99%는 피드백이다』에는 '당신의 미래는 지금

최성덕의
피드백

피드백을 어떻게 받느냐에 달려 있다'라고 나와 있으며, 세계적인 비즈니스 컨설턴트 리처드 윌리엄스는 저서『사람을 움직이는 피드백의 힘』을 통해 '사람을 움직일 수 있는 힘을 갖춰야 한다. 바로 그 힘을 우리에게 불어넣어주는 에너지가 피드백'이라고 설명했다.

최성덕

은행원으로 시작해 뮤지컬 배우, 동화 구연가, MC, 어린이집
원장 등 다양한 직업을 거쳐 2012년 8월 보험업에 입문했다.
특유의 텐션과 성실함을 토대로 고객에게 밀도 높은 피드백
을 제공받음으로써 매주 3건 이상의 계약을 체결하는 STAR
를 416주(2022년 12월 초 기준)째 이어가는 중이다.

"제가 피드백을 거르지 않는 이유는 타석보다 타율을 중요하게 여기기 때문입니다. 고객관리에 시간을 많이 쓰는 편이라서 현실적으로 계약을 위한 고객상담, 즉 타석에 설 기회가 그리 많진 않아요. 그렇다보니 타석에 섰을 때 정확한 클로징으로 타율을 높이는 게 매우 중요한데요. 고객에게 듣는 피드백이 타율을 높이는 데 결정적인 역할을 합니다."

보험약관 공부를 8년 정도 하셨다고요?

따지고 보면 거듭된 보험과의 악연이 보험 공부를 하게 만들었어요. 시작은 아버지의 사망이었죠. 심근경색으로 갑자기 돌아가셨는데, 보험사에 사망진단서를 제출하고 보험금을 청구했더니 약관이 명시한 사망 원인과 일치하지 않아 보험금을 지급할 수 없다는 답변만 돌아오더군요. 보장성보험이라 그간 납부한 보험료 중 돌려받을 수 있는 돈도 없었죠. 한참 시간이 흐른 후에는 증권사 지점장이었던 남편이 식사 자리에서 심근경색으로 갑자기 쓰러지는 일이 발생했어요. 다행히 응급조치를 잘해 아무 일 없었지만, 이번에도 보험금은 받지 못했습니다. 남편이 가입한 보험이 CI보험인데, '중대한' 심근경색에 해당하지 않는다는 게 이유였죠. 그 이후에도 보험 관련해 몇 건의 일을 더 겪었는데, 보험금 지급이 순조롭게 이뤄지지는 않았습니다. 문제에 봉착했을 때 어드바이스받을 사람조차 없다는 게 답답하고 막막했어요. 직접 보험을 공부하게 된 이유입니다. 저 자신은 물론 행여 주변에 저처럼 보험 관련해 억울한 일을 겪는 사람이 있을 때 도움을 주면 좋겠다는 생각에 국내외 보험사를 막론하고 교육 기회만 생기면 찾아갔어요.

보험을 공부하는 과정에서 보험설계사가 되기로 결심하셨나요?

고수의 언어

그렇진 않습니다. 보험과 관련해 여러 일을 겪으면서 보험에 대한 부정적 인식이 매우 두텁게 자리한 터라 솔직히 말하면 한때는 옆에서 누가 보험 이야기를 꺼내는 것조차 반갑지 않았어요. 하던 일도 있었고요.

보험업 전에는 어떤 일을 하셨나요?

직업의 변천사가 다소 다이내믹합니다(웃음). 처음엔 은행에서 비서로 일했어요. 그러다 VIP 고객인 뮤지컬 연출가의 제안으로 오디션을 봤는데, 덜컥 주인공으로 발탁되어 한동안은 무대에 올랐죠. 결혼하고 아이를 낳은 후에는 제 아이를 위해 시작한 동화 구연으로 대회에 나가 입상하면서 본격적으로 동화 구연가로 활동하게 되었어요. 덕분에 관련 방송에 패널로 출연도 했고요. 이후에는 영역을 넓혀 MC로도 일했습니다. 한동안 울산의 내로라하는 문화 공연이나 백화점 어린이 공연 진행은 제가 전담했다고 해도 과언이 아닙니다. 나중에는 어린이 관련 활동 이력이 쌓이면서 어린이집 원장도 했죠.

직업의 스펙트럼이 상당히 폭넓습니다. 말씀하신 직업들의 바통을 이어 보험업을 시작하신 계기가 궁금합니다.

저는 어떤 일이든 일단 시작하면 만족스러운 결과가 나올 때까지 하는 스타일이에요. 성과와 결과가 긍정적이고 원하는 대로 나왔을 때 비로소 과정이 빛난다고 생각합니다. 그래서 어떤 분야든 도전하면 전력투구하는 편이에요. 동화 구연을 할 때도 단순히 동화 구연을 잘하는 데 그치지 않고, 마술사 자격증과 풍선 아트 자격증까지 따서 좀 더 풍성하게 전달하는 스토리텔러가 되려고 노력했고, 덕분에 인정받을 수 있었다고 생각해요. 다만 제가 생각하는 결과에는 돈도 중요한 비중을 차지했어요. 사실 남편의 직업이 안정적이었기에 경제적으로 어려운 형편은 아니었어요. 결혼 후에 남편이 제가 바깥일 하는 걸 바라지 않았던 이유이기도 하죠. 한데 서른 후반의 나이에 남편이 갑자기 심근경색으로 쓰러지는 일을 겪은 후 전에 없던 불안감이 엄습하더군요. 만약의 경우를 대비해 경제적인 활동을 해야겠다는 생각이 강해졌죠. 그러던 중 보험회사에 다니던 친구가 부지점장이 되면서 지점에 초대받게 되었어요. 축하해줄 겸 간 김에 교육만 받고 올 계획이었는데, 지점장 설명을 듣다가 '이 일이 돈이 되겠구나' 하는 생각이 들었어요. 그때 처음으로 보험설계사란 직업에 관심이 생겼습니다.

보험에 대한 선입견은 어떻게 해소하셨나요?

일단은 면접 볼 때 질문들을 정리해서 갔어요. 그 자리에서 면접관에게 제 선입견을 깨줄 답을 요구하는 역면접을 본 셈이죠. 그날 물어본 건 제가 일할 때 중요하게 여기는 회사의 방향성과 추구하는 가치, 그리고 회사의 시스템 등이었어요. 다행히 메트라이프생명의 역사와 정통성 등을 들으면서 보험회사에 대한 신뢰가 형성되었고요. STAR를 비롯한 회사의 시스템이 목표 지향적인 저의 성향과 잘 맞겠다는 판단이 들었죠. 오래 축적되어온 선입견이 그날 하루에 완전히 사라졌다고는 할 수 없지만, 그간 나름대로 해온 보험 공부를 통해 확인한 보험의 필요성 등이 더해지면서 보험업을 시작할 힘을 얻었죠.

보험 관련 공부를 꾸준히 해온 만큼 보험영업에 금세 적응하셨을 듯합니다.

나름대로 8년 정도 보험 공부를 해왔고, 보험업을 시작하기 전에도 한 달 정도 공부를 더 했으니 보험 관련 지식에 대해서는 자신이 있었고요. 이 일을 오래 잘하기 위해 제가 가진 장점을 생각해보니 성실함이더라고요. 제가 기본적으로 체력과 에너지가 좋은 편이에요. 여기에 성실함까지 더하면 STAR도 무리 없이 해내겠다 싶었어요. 그래서 신입 시절부터 STAR에 도전했죠. 예전에는 STAR 100주를 하면 두 달 정도 쉬어가는 게 인정이 되어 그때 쉰 걸 제외하면 처음부터 지금까지 416주(2022년 12월 초 기준)째 STAR를 이어오고 있습니다.

고객 상담을 할 때 특히 중요하게 여기는 부분은 무엇입니까?

저는 고객들에게 질문을 많이 해요. 그것도 상당히 디테일하게 물어봅니다. 가령, 고객 상담이 끝나면 계약한 고객에게 계약한 이유가 무엇인지 꼭 물어봐요. 계약하지 않은 고객에게도 '네, 알겠습니다' 하고 그냥 일어서는 게 아니라 계약하지 않은 이유가 무엇인지 구체적인 예시를 들어 질문합니다. 그간 제가 영업하며 고객들에게 들어온 '계약하지 않은 이유'를 데이터로 삼아 많이 나왔던 답변들을 예시로 제시하죠. 예를 들면 재정적으로 버거워서, 보험설계사에 대한 신뢰가 부족해서, 배우자의 의견을 들어봐야 해서 등이 있겠죠. 고객이 꼽은 이유별로 저의 응대도 달라집니다. 지금은 여유 자금이 없다고 하면 언제쯤 여유가 생길지를 묻고 그때까지 기다리겠다고 말하고요. 저에 대한 신뢰가 부족하다고 하면 어떤 부분에서 그런 느낌을 받았는지 한 단계 더 깊숙한 질문을 해요. 배우자 의견을 들어봐야 한다고 하면 배우자와 함께하는 상담을 원하는지 물어봅니다. 계약이 되지 않았다고 해서 다운되거나 실망하는 대신 피드백을 통해 거절 사유를 명확히 아는 기회로 삼는 거죠. 저는 주로 키맨(key man)*으로부터 소개받아 상담하는데요. 이때도 피드백은 계속됩니다. 키맨이 고객을 소개해주면, 소개하는 이유부터 키맨과 어떤 사이인지, 직업과 취미는 무엇인지 등은 물론 소개한 고객에게 저를 어떻게 설명할

---

* 영업이나 비즈니스에 도움을 주는 중요한 조력자

고수의 언어

지까지 세세하게 물어봐요. 그 고객과 계약을 마쳤을 때도 계약한 이유가 상담 내용에 있는지, 소개해준 키맨과의 인간관계 때문인지 체크합니다.

계약하지 않은 고객뿐만 아니라 거의 모든 고객에게 피드백을 철저하게 받는 이유가 있습니까?

제가 피드백을 거르지 않는 이유는 타석보다 타율을 중요하게 여기기 때문입니다. 고객관리에 시간을 많이 쓰는 편이라서 현실적으로 계약을 위한 고객 상담, 즉 타석에 설 기회가 그리 많진 않아요. 그렇다 보니 타석에 섰을 때 정확한 클로징으로 타율을 높이는 게 매우 중요한데요. 고객에게 듣는 피드백이 타율을 높이는 데 결정적인 역할을 합니다.

················· 최성덕의 피드백은 보험 가입 이후에도 계속된다. 가입한 고객을 정기적으로 만나 계약 이후 아쉬운 점이 있는지, 그렇다면 그것이 무엇인지에 대한 피드백을 구한다. 반대로 만족했다면 특히 어떤 점에서 만족감을 느꼈는지 묻는다. 이는 앞서 말한 것처럼 보험영업의 타율을 높이기 위한 목적도 있지만 여러 번에 걸쳐 자신이 직·간접적으로 겪었던, 보험 관련 불만족스러웠던 경험을 고객에게 되풀

이하고 싶지 않다는 바람의 발로이기도 하다. 덕분에 고객들 사이에서 '금융 집사'로 불린다는 그는 이러한 노력을 알아봐주는 고객이 키맨이 되어준다고 덧붙였다.

키맨은 어떤 사람들로 구성되어 있습니까?

고객 소개의 주축이 되어주시는 분들인데요. 당연히 처음부터 키맨이었던 분은 없고, 평범한 고객으로 시작해 현재는 열 분 정도가 지역별 키맨이 되어주고 있습니다. 지금까지 STAR를 이어올 수 있었던 동력이라고 할 수 있습니다.

그만큼 고객관리를 잘하신다는 의미일 텐데요. 자신만의 노하우가 있습니까?

저는 일을 추진할 때 재미를 중요시해요. 더 재미있게 일하려고 노력하는 편이죠. 그래야 일하며 스트레스를 덜 받고, 결과도 좋기 때문인데요. 고객을 만나러 갈 때도 일보다는 하나의 이벤트가 되길 바라는 마음으로, 어떻게 하면 고객에게 조금이라도 색달라 보일 수 있을지 연구해요. 제가 잘하지 못하는 걸 잘하려고 노력하기보다는 원래 잘했던 것을 좀 더 업그레이드하는 데 집중하죠. 예를 들어 첫 만남 때는 보통 단정한 정장 차림으로 만나지만, 두 번째 만남부터는 고객에 따라 스타일에 변화를 주려고 해요. 유연하고 트렌드에 민감한 고객이라면 시즌에 맞는 옷차림에 신경 써요. 크리스마스에 빨간색 원피스를 입는 식으로요. 그래서 차 안에 항상 몇 벌의 여벌 의상이 준비돼 있죠. 고객 취향을 고려한 작은 선물이나 대화 소재를 준비하기도 합니다. 고객을 만나기 전에 카카오톡 프로필이나 상태 메시지를 보면 대략의 성향이나 취향에 대한 힌트가 나오잖아요. 여행을 좋아하거나 카페 투어를 즐기는 고객이라면 관련 이야기로 말문을 트고요. 꽃을 좋아하는 사람에게는 작은 꽃다발을 선물하기도 해요. 사소한 이벤트지만 이런 노력이 저와 고객에게 조금이라도 재미있는 시간을 만들어주길 바라는 마음에서죠.

어떤 보험설계사로 남고 싶나요?

6년 전에 개명했습니다. 원래 이름은 '영화롭게 빛난다'는 뜻의 '영희'였는데, '정성스럽게 살면 큰 덕이 온다'는 의미의 '성덕'으로 바꾸었어요. 혼자 빛나는 삶도 좋지만, 사람들에게 정성을 다하고 그것이 결국 저에게 덕으로 돌아오는 삶이 훨씬 아름답고 가치 있지 않을까요. 저의 바람은 이 이름대로 사는 것이에요. 보험영업은 고객을 비롯한 인간관계에 정성을 기울이는 삶을 실천하는 저의 방식입니다. 좀 더 욕심을 낸다면 롱런하는 보험설계사가 되는 거예요. 앞에서도 말한 것처럼 저는 목표를 세우고 그에 도달했을 때 더 나아갈 힘을 받는 스타일이에요. 그러니 단순히 롱런만 하는 게 아니라 잘하면서 오래 가는 보험설계사를 꿈꾸고 있습니다.

·············· '고객에게 메시지를 주고 오는 사람'으로 자신을 정의하
는 최성덕의 고객 상담은 항상 그만의 공식 질문으로 마
무리된다. "오늘 상담에서 어떤 메시지를 얻으셨나요?"
그는 이때 고객 입에서 나오는 어떤 말도 허투루 듣는 법
이 없다. 그런데 그가 이 질문의 답으로 가장 많이 들은 말
은 의외로 이것이다. "이 일을 오래오래 하실 것 같아요."

고수의 언어

'리빌딩'은 're-building'이라는 글자가 보여주듯 원래 건축에서
만들어진 말이다. 이후 야구를 비롯한 스포츠계에 흘러들었고,
지금은 특정 분야에 가둬지지 않고 두루 사용된다. 기량이 쇠하
거나 실적이 저조한 팀의 전력을 보강하기 위해 기존 팀원을 방

김현진의

리빌딩

출하거나 새로운 팀원을 기용하는 과정을 의미하는 리빌딩은
주축이 되는 구성원이나 주요 시스템은 유지하면서 몇몇 요소
들을 교체하거나 도입해 이전과 다른 새로운 분위기와 전력의
팀을 만드는 방식이다.

김현진

대학원에서 스포츠마케팅을 전공하던 2012년 보험업에 입
문해 올해로 12년 차를 맞았다. 2014년 보험영업력을 인정받
으면서 부지점장으로 승급해 매니저의 길을 걷게 되었다. 자
신과 조직에 대한 리빌딩을 미션 삼아 2021년 부지점장 챔피
언 자리에 이어 이듬해 지점장으로 승급했다.

"사람이 위기에 몰리면 본능이 나오는 걸까요? 더는 물러날 곳이 없어지니까 필드 매니저가 해야 할 일에 대한 필드 매뉴얼을 저 스스로 세우게 되더군요. 조직 이전에 저의 태도부터 리빌딩했더니 리크루팅 속도가 달라졌어요."

보험업으로 이끈 결정적인 말 한마디가 있었다고요?

원래는 박사까지 염두에 두고 대학원에서 스포츠마케팅을 전공하고 있었어요. 그런데 군대에서 다양한 사람을 만나면서 시야가 넓어졌고 생각에도 전환점이 생겼죠. 당시 저는 기갑부대 교육 장교로 복무했는데, 밤새워 일해도 월급은 고작 127만 원이었어요. 문득 '전역하고 회사에 취업하면 달라질까?'라는 막연한 걱정과 의문이 들더군요. 그때 옆에서 제 고민을 듣고 있던 룸메이트이자 대위 선배가 이렇게 말했죠. "회사에 들어가도 결국 군대와 똑같아."

급여는 훨씬 많아지겠지만 회사와 군대 모두 제가 할 수 있는 일들의 한계가 명확하게 그어져 있다는 의미로 들렸어요. 좀 더 자기 주도적으로 일하며 돈도 많이 벌 수 있는 일을 찾아야겠다는 생각이 들더군요. 그즈음 장교 동기로부터 소개받은 분이 얼마 전까지 함께했던 지점장인데요. 보험업을 제안받은 후 의심과 고민에 쏟은 기간은 한 달 정도였어요. 고민 끝에 같은 대학원에 다니고 있던, 지금은 아내가 된 여자 친구와 대학원 과정을 함께 마치겠다는 계획을 수정해 보험업에 뛰어들었죠.

스포츠마케팅이라는 전문 분야를 전공하다 보험업으로 전향하는 과정은 순조로웠나요?

예상치 못했던 분야라 처음엔 아버지가 많이 당황해하셨어요. 처가에서도 예비 사위가 갑자기 보험영업을 한다고 하니 걱정부터 하셨죠. 그런 양가 부모님의 반응은 제 결심을 돌려세운 게 아니라 오히려 뭔가 보여드려야겠다는 쪽으로 향하게 했어요. 그래서 더 간절한 마음으로 일했고, 덕분에 입문 5개월 만에 MDRT를 달성했습니다. 1년이 지났을 무렵 안정적인 기반을 마련한 데 이어 3년 차부터는 그간의 경험을 토대로 관리자로서의 커리어를 밟기로 결심하면서 필드 매니저(부지점장)가 되었죠. 그리고 2022년 초에는 지점장으로 승진했습니다.

필드 매니저는 어떤 일을 합니까?

스포츠마케팅을 예로 들면, 어떤 스포츠 종목이든 감독과 코치는 꾸준히 유망주를 발굴하는 게 매우 중요합니다. 계속해서 가능성이 보이는 이들을 찾아내야 하는 건 보험영업 분야도 마찬가지죠. 스포츠에서 감독과 코치가 하는 일을 보험업에서는 필드 매니저가 한다고 보면 됩니다. 필드 매니저는 직급상 부지점장으로 불리는데요. 부지점장이 되려면 회사에서 규정한 일정 커리어 달성과 더불어 예비 팀원 세 명을 확보해야 해요. 그런데 당시 저는 커리어 조건은 갖췄지만, 예비 팀원은 제로 상태였어요. 무슨 패기에서인지 팀원 0명 상태에서 부지점장으로 출사표를 던진 거죠. 누가 팀원 0명으로 부지점장을 하려고 할까 싶었는데, 제가 그랬어요. 그것도 최초로요.

팀원 0명의 필드 매니저의 패기는 언제까지 건재했나요?

두 달 만에 땅을 치고 후회했죠(웃음). 소속 팀원들의 계약 실적이 있어야 팀 운영도 하고 생활도 할 수 있어요. 그런 팀원이 0명이었으니 당장 소득이 없었어요. 그렇다 보니 마음이 조급해져 우선 팀원을 채울 생각에만 급급하게 되더군요. 4개월 동안 부지런히 뛰어다니며 팀원을 일곱 명가량 선발했지만, 1년이 지나니 그중 한 명만 남았죠. 그 한 명이 대학교 동창이었는데, 하루는 미안한 마음에 '너도 그만둘 생각이면 이야기해'라고 말했어요. 그때 그 친구가 제게 그러더군요. "나는 괜찮으니 팀부터 리빌딩해." 그 친구가 지금은 부지점장이 되었습니다(웃음).

·············· 리빌딩. 건축계에서 만들어졌지만 지금은 스포츠 분야에서 팀의 전력을 재정비하거나 새롭게 도약하겠다는 각오를 다질 때 흔히 쓰는 이 단어는 김현진에게도 익숙한 용어였다. 하지만 그때 팀원이자 친구를 통해 들은 리빌딩은 막 조합된 암호이자 뿌연 안갯속과 같았던 난관을 해결할 수 있는 명확한 명령어처럼 들렸다. 그는 리빌딩 대상을 외부에서만 찾지 않았다. 가장 먼저 자신의 리빌딩

을 감행한 것이다. 우리 사회 곳곳에 흩어져 있을 탁월한 인재들을 발견하고 한데 모으는 일은 그다음이었다.

리빌딩의 모티브는 무엇이었나요?

사람이 위기에 몰리면 본능이 나오는 걸까요? 더는 물러날 곳이 없어지니까 필드 매니저가 해야 할 일에 대한 필드 매뉴얼(field manual)을 저 스스로 세우게 되더군요. 조직 이전에 저의 태도부터 리빌딩했더니 리크루팅 속도가 달라졌어요. 일단 팀원을 열두 명까지 불러놓은 뒤 본격적인 리빌딩에 들어갔습니다. 그때부터 종합병원 간호사들을 눈여겨보기 시작했어요. 보험업 종사자들에게 병원은 제2의 직장으로 불릴 만큼 자주 가게 되는 곳입니다. 그때마다 자연스레 간호사들이 의료 일선에서 얼마나 고생하는지 보고 느끼게 되더군요. 보험업을 권유하기에 앞서 우선은 직접 간호사들을 만나 그들이 어떤 어려움을 겪는지, 무슨 생각을 하고 있는지 들어보는 일부터 했어요. 그 와중에 메르스 사태가 터지면서 간호사들의 어려움이 언론에 자주 노출되었어요. 관심이 더 깊어진 저는 간호사 관련 책을 부지런히 찾아 읽었어요. 그중 동탄 한림성심병원 중환자실 간호사였던 김현아의 『나는 간호사, 사람입니다』는 세 번이나 정독할 만큼 깊은 울림과 함께 간호사 직종에 대한 폭넓은 인사이트를 제공해주었습니다. 이처럼 간호사에 대한 이해도를 높여가면서, 어느 순간 리크루팅 대상으로 확신을 품게 되었지요.

간호사 출신 보험설계사의 경쟁력 포인트는 무엇입니까?

보험의 기본은 메디컬(medical)입니다. 간호사는 암을 비롯한 각
종 질환에 대해 가장 잘 설명할 수 있는 의료 전문 직군 중 하나예요.
온갖 환자들을 대했던 경험이 있어 별도의 고객 응대 교육도 필요 없
죠. 열악한 근무 환경과 조건에서 일해왔기에 대부분 성격이 둥글고
멘탈도 강합니다. 특히 대형 병원에 근무하는 간호사는 탄탄한 기본
기와 체계를 체화한 경우가 많아서 삼성의료원과 현대아산병원 같은
대형 병원 간호사들을 주로 공략했어요. 결과적으로 대형 병원 열 곳
에서 5년 차 이상의 간호사 열다섯 명 이상을 리크루팅했습니다.

.... 간호사는 예나 지금이나 진로 결정을 앞둔 학생과 그 부
모가 선호하는 직업군에서 상위를 차지하고 있다. 코로나
19가 발병하고 장기화하기 시작한 2020년에는 고등학생
희망 직업으로 간호사가 2위에 올랐다(교육부 발표). 열
악한 근무 환경이나 여건과 별개로 간호사들이 직업에 대
한 프라이드가 강한 이유다. 그만큼 전직의 장벽이 높을
수밖에 없는 직군인 간호사를 리크루팅 대상으로 삼아 실
행에 성공한 김현진의 노하우는 어디에 있을까. 보험설계

고수의 언어

사로 병원을 드나들며 관찰을 통해 간호사에 대한 기본적인 이해도를 쌓은 뒤, 인터뷰와 책을 활용해 접촉면을 늘렸고, 특유의 섬세함에서 뽑아낸 공감과 설득의 언어로 다가갔던 결과가 아닐까. 무엇보다 의료 전문가인 간호사가 재정 분석 스킬을 갖췄을 때 보험설계사로서 막강한 경쟁력을 가질 수 있다는 점을 정확하게 파고든 스마트함이 빚어낸 성공이었다.

리크루팅에서 그치지 않고 이후에도 많은 노력을 하셨다고요?

간호사를 특수 직종 경험자에 포함하자고 건의했어요. 당시 특수 직종 경험자가 보험업계에 뿌리내리도록 기본소득을 지원해주는 일종의 우대 제도가 있었는데, 간호사는 포함되어 있지 않았거든요. 간호사들을 보험업계로 리크루팅하는 데에서 그치지 않고, 이들이 좀 더 나은 환경에서 보험설계사로 활약할 수 있도록 가능한 모든 노력을 했죠. 다행히 1년의 설득 끝에 허락받을 수 있었습니다. 명함에 간호사 휘장 마크와 간호사 라이선스 경력을 적게 해달라는 요청도 거듭된 설득 끝에 확답받았습니다. 바뀐 명함 덕분에 간호사 경력의 보험설계사들은 고객과 말문을 트기가 훨씬 수월했을 거예요. 고객들도 의료 업무 경험이 풍부한 간호사 출신 보험설계사에게 훨씬 더 굳건한 신뢰감을 보여주었지요.

·············· 세계적인 레스토랑 경영자이자 이노베이터인 미국의 대니 메이어는 직원들에게 매장을 방문하는 모든 이들이 보살핌받는다고 느끼도록 '나는 네 편이다'라는 언어를 사용하게 했다. 결국 '우리가 서로를 대하는 방식이 모든 일의 전부'임을 터득한 까닭이다. 김현진도 같은 맥락에서 간호사 출신 보험설계사들을 대했다. 기본소득 제공과 간호사 경력 표면화를 통해 구체적인 지원을 펼치는 것으로 '나는 네 편이다'라는 신호를 보냄으로써 안전하고도 든든한 결속을 이루어낸 것이다.

리크루팅할 때 빼놓지 않는 질문이 있습니까?

보험업을 시작하려는 이들에게 네 가지 질문을 합니다.

① 당신은 어떤 사람으로 평가받고 있습니까?

② 당신은 일이 중요한가요, 삶이 중요한가요?

③ 이직을 통해 궁극적으로 얻고자 하는 것은 무엇인가요?

④ 당신은 직장과 직업 중 어느 것을 찾습니까?

각기 다른 질문 같지만, 사실은 하나로 연결되어 있어요. '당신은 자신을 어떤 존재로 인식하고 있나요?'가 그것이지요. 비단 보험업뿐만 아니라 어떤 일이든 출발점에서 한 번쯤 짚어봐야 할 기본적인 질문입니다. 제가 보험설계사들에게 자주 하는 말 중의 하나는 오늘 만난 고객과 당장 계약을 체결하지 못해도 괜찮다는 것이에요. 대신 고객이 뭘 원하는지 파악하고, 그에 부응할 방법을 계속해서 찾는다면 내일 혹은 모레의 계약은 분명 자신의 것이 될 수 있다고 말하죠. 보험설계사가 갖추어야 할 자질로 현명함을 손에 꼽는 이유입니다. 현명한 사람은 지식이 많거나 지능지수가 높은 사람이 아니에요. 도전하고 실패하면서 배우는 것을 두려워하지 않는 사람이죠.

·················· 나에게 일어나는 모든 문제는 돌이켜보면 항상 나에게 답이 있고, 내 상황을 변화시킬 수 있는 사람은 오직 나뿐이라는 정확한 상황 인식에서 비롯한 현명함. 지난 10여 년 동안 어느 한 시기도 고여 있지 않고, 능동적인 변화 속에서 도전과 실패를 거듭하며 배움의 깊이와 폭을 키워온 김현진은 '함께 일하고 함께 성장하는' 일터에서의 현명함이란 어떤 것인지를 누구보다 잘 체득하고 있었다.

'사전'은 어떤 범위 안에서 쓰이는 낱말을 모아서 일정한 순서로 배열해 싣고 그 각각의 발음, 의미, 어원, 용법 따위를 해설한 책이다. 『말모이』가 1911년에 편찬한 최초의 우리말 사전으로 큰 의미를 지닌다면, 영어사전 중에서는 최초는 아니지만, 서점 주인의 아들로 태어난 새뮤얼 존슨이 7년에 걸쳐 자력으로 완성한 영어사전 『A Dictionary of the English Language』가 사전 역사에 굵직한 한 줄을 남겼다. 언어에 대한 용어 설명으로 만들어지기 시작한 사전은 이후 영역을 넓혀 2022년 12월 말 기준,

이재동의

사전

온라인 서점에서 검색되는 사전류는 3만 1,122건. 그중에는 『나쁜 말 사전』 『고양이 백과사전』 『사춘기 준비 사전』 등 이색 사전도 다수 포함되어 있다. 흔히 한 분야를 집대성했거나, 정보와 지식 면에서 박식한 사람을 두고 '걸어 다니는 사전'이라 부른다. 조직 커뮤니케이션 전문가인 김호 더랩에이치 대표는 '남이 아닌 스스로 길을 만들고 싶다면 자기만의 사전이 필요하다'는 내용을 담은 칼럼으로 화제를 모은 바 있다.

이재동

2003년에 보험업을 시작해 첫해부터 두각을 나타냈다.
2021년에는 회사 소속 보험설계사 중 단연 1등을 차지해 챔
피언에 올랐다. 2011년부터는 법인영업으로 전환하여 사전
을 펼쳐 영어 공부하듯 하나하나 탐구해가며 법인영업을 공
부해, 현재(2022년 말)는 대략 100여 개의 법인을 고객으로
두고 있다.

"한 번에 받아들여지면 좋겠지만 그렇지 않더라도 괜찮았어요. 실패는 새로운 걸 습득하는 계기가 되어주었으니까요. A한테 배워서 B에 쓰고, B에서 배운 걸 C에 활용하는 식이었죠. 그렇게 이어나가다 보면 어느새 A부터 Z까지 다 섭렵할 수 있겠구나, 싶었어요. 10년쯤 지나고 보니 이제는 어떤 법인의 대표를 만나도 제 사전에서 문제에 대한 답을 찾을 수 있을 정도가 되었습니다."

법인영업에 최적화된 분으로 알고 있습니다. 법인을 타깃으로 삼은 계기가 있습니까?

시작은 개인영업이었어요. 초반부터 매주 세 건 이상의 계약을 체결하는 STAR를 루틴으로 삼아 237주 연속 달성을 했는데, 그 3년 사이에 고객 숫자가 1,000명을 훌쩍 넘기면서 번아웃이 왔습니다. 청약 때마다 감사 인사와 더불어 제가 고객에게 드리는 약속 때문인데요. "이제부터는 앞으로 꾸준히 연락드리고 무슨 일이 있을 때마다 찾아뵙겠습니다"라고 말하는데, 고객이 1,000명 넘어가니 현실적으로 이 약속을 지키는 게 불가능하더군요. 분기당 한 번은커녕 1년에 한 번 만나기도 어려웠죠. 고객과의 약속을 매우 중요한 가치로 삼고 영업해온 만큼 이 부분을 지키지 못하는 상황을 쉽게 간과할 수 없었습니다. 그래서 번아웃까지 온 것이었고요. 앞으로도 신규 고객은 계속 늘 테니 결단이 필요하단 생각이 들었지요. 고객 수 면에서 개인영업 대비 증가세가 현저히 낮은 법인영업으로 방향을 틀게 된 결정적 이유입니다.

·············· 보험영업은 그 대상을 기준으로 했을 때 크게 개인영업과 법인영업으로 나뉜다. 개인영업이 개개인을 대상으로 한 일반적인 영업이라면, 법인영업은 기업, 그중에서도 중소

기업을 대상으로 한 영업이다.

개인영업으로 시작해 법인영업으로 전환하는 경우가 제법 있는 것으로 압니다. 대부분 이와 비슷한 이유로 움직이나요?

　솔직하게 말하면, 그렇지 않아 보입니다. 법인영업으로 갈아타는 이들 중 상당수는 개인 고객보다 보험료 사이즈가 크다는 점에 주목해요. 한마디로 가성비가 좋다는 거죠. 저 역시 법인영업의 장점을 높은 가성비에 둔 건 맞습니다. 하지만 한 발짝 더 들어가 보면 가성비의 기준이 달라요. 저는 고객의 숫자를 줄여 고객관리의 가성비를 높일 수 있겠다는 점에서 법인영업을 선택했어요. 별것 아닌 것 같지만 여기에는 매우 큰 차이가 존재합니다. 법인영업을 선택한 이유가 돈에 맞춰지면 이후 문제가 발생할 위험이 커집니다. 개인영업에서 했던 영업 스타일이나 준비 과정을 법인영업에 그대로 적용할 수 있는 게 아니기 때문이죠. 똑같이 보험을 다룬다고 해도 개인영업과 법인영업은 엄연히 다른 시장입니다. 개인영업의 고객들은 세부적으로 보면 직업과 소득 등에서 매우 다양하지만, 큰 틀에서 보면 삶의 사이클이나 수입 및 지출 등의 패턴이 비슷해요. 반면, 법인은 저마다 조목조목 다릅니다. 겉으로 보면 같은 주식회사 같아도 장부를 들여다보면 완전히 다른 게 법인이에요. 업종이나 매출 규모에 따라서는 물론이고 같은 업종, 비슷한 매출을 올리는 기업 안에서도 개별적인 특성이 있어요. 그래서 보통 법인은 100시간가량 준비해야 해요. 법인마다 필요한 데이터나 지식, 정보가 다 다르기 때문이에요. 이러한 시장의 특성을 생각하지 않고 도전한 설계사들은 원하는 피드백이 나오지 않으면 제대로 된 노력을 해보지도 않고 포기해버려요.

·············· '100시간의 법칙.' 이재동에 의하면, 개인영업에서 고객 한 명을 만나는 데 10시간의 준비 기간이 소요된다고 했을 때 법인영업은 열 배인 100시간을 잡아야 한다. 반면 개인영업에서 한 달 평균 13~15건의 계약 건수를 꾸준히 기록하던 것과 달리, 법인영업 전환 이후에는 한 달 평균 두 건 정도로 신규 계약이 확연히 줄었다. 계약 한 건에 그만큼 더 노력과 시간이 든다는 의미. 하지만 이재동이 가장 중요하게 여겨온 고객과의 약속을 지키는 데에는 무리가 없어진다. 이재동은 이러한 특성이 법인영업으로 시장을 이동하는 데 중요하게 작용했다고 거듭 강조했다.

법인영업은 어떻게 준비하셨습니까?

대략 3년 정도 걸렸습니다. 법인영업에 도움 될 만한 강의를 계속 들으러 다니는 것과 별개로 대학원에도 입학했어요. 법인영업의 경우 신뢰할 수 있는 설계사의 기준 중 하나로 중요하게 부각하는 게 스펙입니다. 그러니까 실질적인 정보와 지식을 쌓는 공부 외에 어느 정도는 퍼포먼스를 위한 준비도 함께한 거죠. 또 하나 매우 중요한 준비는 수입이 없는 시기에 대한 대비예요. 법인영업을 시작하고 최소한 1년 이상 수입이 없다는 걸 예상하고, 이 기간에 대한 준비도 충분히 해두어야 합니다.

이처럼 준비 기간을 가져도 실제로 법인영업을 하며 맞닥뜨린 의외의 어려움이 있으셨을 것 같습니다.

물론입니다. 법인은 제각기 다 달라서 미리 공부하는 데 한계가 있어요. 더군다나 책을 비롯해 법인 관련한 자료들을 찾아보면 대부분 대기업, 중견 기업 위주로 나와 있습니다. 재무제표도 대기업 위주로 설명되어 있죠. 그런데 대기업과 중소기업의 장부는 완전히 다릅니다. 단순히 금액 규모만 다른 게 아니라 계정 과목부터 달라요. 저 같은 보험설계사들이 만나는 기업은 대부분 소규모 기업입니다. 중견 기업 이상은 만날 수도 없거니와 만날 필요조차 없습니다. 자체적으로 재무팀, 회계팀, 법무팀을 다 갖추고 있으니까요. 저희를 필요로하는 법인은 이러한 팀을 갖출 여력이 안 되는 작은 기업들이에요. 저는 이런 기업들의 빈자리를 채우는 게 법인영업 설계사들의 역할이라고 봤습니다. 그런데 어디서도 자료를 찾아볼 수 없으니 부딪혀보는 수밖에 없었어요. 직접 법인을 방문해 대표에게 기업 경영하는 데 어떤 문제점이 있는지 물어봤죠. 다 거절할 것 같지만 다섯 명 중 한 명 정도는 '이런저런 어려움이 있는데 해결책이 있느냐'고 물어봅니다. 그러면 다음 주까지 답변을 드리기로 해놓고, 그때부터 인터넷, 책, 강의, 자문 등을 활용해 닥치는 대로 공부해요. 그리고 그 결과물을 보고서로 작성해 대표에게 전달하죠. 그게 한 번에 받아들여지면 좋겠지만 그렇지 않더라도 괜찮았어요. 실패는 새로운 걸 습득하는 계기가 되어주었으니까요. A한테 배워서 B에 쓰고, B에서 배운 걸 C에 활용하는 식이었죠. 그렇게 이어나가다 보면 어느새 A부터 Z까지 다 섭렵할 수 있겠구나, 싶었어요. 10년쯤 지나고 보니 이제는 어떤 법인의 대표를 만나도 대부분 제 사전에서 문제에 대한 답을 찾을 수 있을 정도가 되었습니다.

·············· 이재동은 법인영업은 영어 공부하듯 해야 한다고 말한다. 중고등학생 시절 영어 공부를 할 때 두툼한 사전을 옆에 두고 모르는 단어가 나올 때마다 찾아보면서 공부를 했듯, 법인영업도 직접 겪어보면서 필요한 걸 사전 찾듯이 하나하나 탐구해나가야 한다는 의미다. 그래서 그는 법인영업을 '사전영업'이라고 부른다. 몸으로 부딪쳐 궁금한 것을 직접 찾아보고, 그 과정에서 계속 습득해나가다 보면 어느 순간 자신만의 사전을 만들게 된다는 게 그의 설

명이다.

이제 10년이 넘으셨으니 사전이 제법 두꺼워졌겠습니다.

아직 그렇진 않고요(웃음). 저만의 사전을 만든 건 맞지만 아직 완성이라고 표현하기는 이르고, 볼륨을 키워나가는 중이라고는 할 수 있겠네요.

'사전영업'이 법인영업을 하는 이들에게 귀감이 될 것 같습니다. 이외에 영업 노하우가 또 있습니까?

데이터 영업입니다. 저는 개인영업을 할 때부터 순수하게 데이터에서 추출한 수치를 분석해 고객을 설득하고 제안하는 방식의 영업을 해왔어요. 보험도 금융상품인 만큼 명확하게 데이터화해 이를 영업의 근거로 활용했죠. 마침 이런 데이터 영업이 빛을 발할 계기도 찾아왔고요. 2003년 7월 국내 최초로 론칭한 메트라이프 변액보험이 그것이죠. 다른 보험과 달리 변액보험은 청약 이후에도 고객에게 해줘야 할 일이 많아요. 시장에 따라 주식형, 채권형 등의 펀드 변경과 추가 납입 등을 위해 고객에게 지속해 데이터를 제공해야 합니다. 지금도 마찬가지지만 그때는 이렇게 하는 보험설계사가 별로 없었어요. 남들이 하지 않으니 저는 더 적극적으로 뛰어들었죠. 저에게는 확신을 가질 만한 데이터가 있었으니까요. 가령, 당시에는 매달 50만 원씩 10년간 적금을 넣어도 1억 원을 한참 밑돌았어요. 그렇지만 변액보험은 매달 50만 원씩 납부했을 때 펀드 변경 등을 통해 시장 상황에 유연하게 대처한다면 시장 수익률보다 높은 수익률을 달성할 수 있게 되더라고요. 이런 데이터 기반 영업을 통해서 고객들의 내 집 마련의 꿈을 공략했고, 실제로 수많은 이들이 시기를 훨씬 앞당겨 내 집 마련에 성공했죠.

················· 변액보험을 통한 이재동의 내 집 마련 전략은 2007년 모기지론이 도입되면서 한층 탄력을 받았다. 기존에 없던 장기 대출 제도에, 원금 균등 상환이 아닌 매월 이자만 납부하고 원금은 마지막에 상환하는 방식인 모기지의 장점을 더해 영업에 적극 활용한 것이다. 즉 '돈을 모은 후에' 내 집 마련을 하는 게 아니라 모기지론을 활용해 10년 장기 대출을 받아 '먼저 집을 산 후' 10년짜리 변액보험으로 원금을 상환하는 전략을 세웠다. 변액보험 수익은 물론이고 돈을 모으는 데 걸리는 시간만큼 집값이 뛰리라는 예측을 명료하게 수치화해 데이터로 만든 덕분에 가능한 설계였다.

법인영업으로 전환한 후에도 데이터 영업이라는 큰 틀은 여전히 이어가고 있습니다. 개인영업을 할 때 데이터를 활용해 고객들의 내 집 마련 꿈을 이뤄주었다면, 법인영업에서는 사장들이 가장 목말라 하는 부분인 공장 마련의 꿈을 실현해드리고 있죠.

법인 컨설팅 쪽에도 중점을 두고 계신 걸로 압니다. 법인 컨설팅은 어떻게 시작하게 되셨나요?

처음에 법인 상담을 하는데, 법인 담당 세무사한테 가로막혀 진전이 안 되는 경우가 많았어요. 중소기업을 담당하는 우리나라 세무사와 회계사들은 대부분 딱 기장만 해요. 기업이 영수증과 계산서를 주면 계정 분류해서 입력만 하는 거죠. 미국이나 유럽과 달리 기업 컨설팅은 제공하지 않습니다. 컨설팅 비용은 별도로 지급하지 않는 게 일종의 관례로 정착한 까닭이죠. 그렇다 보니 보험설계사가 기업 대표를 찾아가 세무와 회계에 대해 컨설팅하는 게 마땅치 않았을 겁니다. 그래서 고심 끝에 결심한 것이 직접 세무사들을 고용해 세무사 사무실을 운영하는 거였어요. 이후부터는 세무사가 브레이크를 거는 법인은 기장부터 옮겨 오는 적극적인 영업을 펼쳤고요. 법인 대표와의 상담에도 세무사가 항상 동행했죠. 법인 고객이 100여 개로 늘어나는 동안 세무사 사무실도 커져 지금은 처음 만들었던 논현동 본점 외에 동탄 분점도 생겼습니다.

세무사와의 협업을 고려하고 있는 법인영업 보험설계사들에게 조언하고 싶은 게 있나요?

법인영업을 시작할 때 법인 담당 세무사에 의해 제동이 걸리는 일은 흔하게 일어납니다. 그렇기에 법인영업 설계사 상당수가 세무사와 파트너십을 맺고 일하는 방식을 선택합니다. 보험설계사가 파트너십을 제안했을 때 세무사가 거절하는 경우는 거의 없어요. 거래처를 제공한다는데 마다할 이유가 없는 거죠. 그래서 파트너십을 맺기는 쉬운데요. 이때 누가 주도권을 쥐는가가 매우 중요하다는 것을 간과해서는 안 됩니다. 계약이 많을 때는 서로 윈윈 하는 분위기 속에 파트너십이 탄탄하게 이어지겠지만, 시간이 지나고 계약이 주춤한 시기가 오면 파트너십이 느슨해지고 분쟁의 소지도 발생할 수 있거든요. 실제로 그렇고요. 이럴 때 주도권이 명확하지 않으면 결국 라이선스가 있는 세무사 쪽으로 힘이 기울 수밖에 없어요. 그래서 저는 처음부터 투자 개념을 가지고 협업을 시작했어요. 일에 있어서는 협업이되, 금전적인 부분은 모두 제 선에서 해결했습니다. 세무사와 직원 월급을 비롯해 사무실 임대료, 운영비 등으로 1년에 1억 8,000만 원 정도를 투자했지요. 그런데 보통은 투자의 부담을 안지 않은 채 협업만 하려고 합니다. 제가 이런 조언을 건네면 본인은 금전적 여유가 없어서 안 된다고 말하는 설계사가 많아요. 그런데 세무사 사무실을 꾸릴 당시에는 저도 마찬가지였어요. 법인영업을 제대로 하기 위해 필요하다는 판단과 경험에서 얻은 확신이 있었기에 과감하게 투자할 수 있었죠.

법인영업으로 전환하신 지 10년이 넘었습니다. 강조하고 싶은 법인영업의 매력은 무엇입니까?

앞서 말했듯 제가 개인영업에서 법인영업으로 전환한 것은 고객 수가 점차 늘어남에 따라 이전과 같은 고객관리에 어려움을 겪었기 때문이에요. 실제로 법인영업을 시작한 후 고객의 증가 추이는 이전과는 확연히 달라졌습니다. 개인영업은 3년 만에 고객 수가 1,000명을 넘었지만, 법인영업은 10년이 지났는데 거래 법인이 개수로는 100곳이 채 안 됩니다. 이전 대비 십분의 일에도 못 미치는 셈이죠. 대신 소득 면에서만 따지면 열 배가량 높아졌고요. 무엇보다 법인 시장은 아직 무한한 가능성이 있다는 게 제 생각입니다.

끝으로 법인영업을 염두에 두고 있는 보험설계사들에게 전하고 싶은 메시지가 있을까요?

개인영업이든 법인영업이든 시장에 상관없이 기본적으로 보험영업에 대한 확신과 더불어 고객의 성공과 행복을 응원하는 마음가짐이 탑재되어 있어야 해요. 이런 바탕에서라야 비로소 제대로 된 보험설계사가 될 수 있습니다. 올해로 21년 차에 접어들었지만, 매일 빼먹지 않는 루틴이 하나 있습니다. 아침저녁으로 샤워 후에 하는 기도가 그것인데요. 기도를 통해 비는 건 세 가지예요. 제가 아는 사람들 모두 행복하게 해달라는 게 첫 번째, 두 번째로는 오늘 할 일을 이야기하면서 미팅이 잘 진행될 수 있도록 도와달라고 말해요. 마지막으로 모든 이들에게 행복을 전달하는 이재동이 될 수 있도록 지혜와 용기, 힘을 달라는 내용으로 마무리하죠. 저는 보험설계사가 스스로 보험영업을 소중하게 여기고, 단순히 돈벌이 수단이 아닌 고객의 행복을 오래오래 지켜보는 사람이라는 소신으로 일했으면 좋겠어요.

'효율'이란 들인 노력과 얻은 결과의 비율. 따라서 '효율이 좋다' 혹은 '효율이 높다'는 말은 낭비 없이 핵심적인 일을 성공적으로 잘한다는 뜻으로 통한다. 예전에는 주로 공장 생산 라인에 적용되는 개념이었으나 효율의 중요성이 점차 부각하면서 경제와 사회 전반은 물론 우리 일상에서도 익숙하게 사용된다. 늘 시간

윤정아의

효율

적 공간적으로 제약받는 현대인들은 의식적으로든 무의식적으로든 효율적인 삶을 원하며, 효율을 높이려는 변화의 화두는 보통 '어떻게 하면 더 잘할 수 있을까?'에서 시작한다. 효율은 결국 방법의 문제이며, 하던 일을 더 잘하고 싶은 의지를 동력으로 삼는다.

윤정아

은행을 다니다가 정년퇴직 없는 직업을 찾아 2004년에 보험
업을 시작했다. 2023년까지 한 번을 제외하고 매년 회사 우
수설계사 시상식에 초대되었다. 전 세계 보험인의 명예의 전
당인 MDRT의 종신회원을 비롯해 생명보험협회에서 인증하
는 우수인증설계사 등의 기록을 보유하고 있다.

"일하는 시간 동안의 효율은 이 일을 계속해나가기 위한 절대적인 조건이에요. 은행을 그만두고 보험업을 시작할 때 남편과 몇 가지 약속한 게 있어요. 평일 저녁 이후와 주말에는 일하지 않겠다는 게 그것이죠. 선배들과 동료들은 밤늦게까지는 물론이고 휴일이나 주말에도 고객을 만나러 다니는데, 저는 그분들에 비해 활용할 수 있는 시간 자체가 상대적으로 적었어요. 이런 상황이 불리하게 작용하지 않도록 하려면 답은 하나, 효율을 높이는 거였죠."

윤정아의 효율

은행원으로 일하다 보험설계사의 길을 선택하셨다고 들었습니다. 당시 안정적인 직업을 바꿀 만한 이슈가 있었나요?

딱히 이슈라고 할 만한 상황은 없었어요. 다만 직업에 대해 고민해볼 계기는 있었습니다. 제가 직업에서 중요하게 여기는 점 중 하나는 '롱런'이에요. 어느 날 오랜 시간 함께 근무하던 지점장이 명예퇴직하는 모습을 보니 언젠가 저에게도 올 시간이겠구나, 싶더군요. 상담하는 일을 좋아했고, 정해진 퇴직 나이 없이 내가 일하고 싶을 때까지 일할 수 있는 직업을 생각해보던 중 보험설계사에 관심을 두게 되었지요.

흔히 은행원은 안정적이면서 연봉 또한 높은 직업으로 평가받습니다. 은행에서 근무하던 때는 이러한 인식이 좀 더 강했을 시절인데요. 은행원을 그만두고 보험설계사가 되겠다고 했을 때 주변의 반대가 심했겠습니다.

남편과 부모님 모두 말렸지만 그것이 선택을 바꾸진 못했어요. 저는 인생에서 중요한 선택을 할 때 제 생각을 가장 우선순위에 둡니다. 저에 관한 모든 결정권은 저에게 있다고 생각해요. 무엇보다 제 인생이니까요.

고수의 언어

·············· 학창 시절 윤정아는 모범생 그 자체였다. 학교에서든 집에서든 하라는 건 꼭 하는 착실한 학생이었다. 어른이 된 이후 자신이 속한 조직에서도 모범생 기질은 그대로 이어졌다. 조직에서 정한 룰을 어기는 일 없이 언제나 '온사이드'에 있었다. 다만 본인의 인생으로 범위를 좁혔을 때는 사회적인 통념이나 주변인들의 의견보다 자기 생각에 가장 귀 기울였다. 스스로 결정해야 오래오래 즐거운 마음으로 그 선택에 최선을 다할 수 있기 때문이다. 은행원에서 보험설계사로 직업을 바꿀 때도 마찬가지였다.

그만큼 보험업에 확신이 있었다는 말로 들립니다. '오래' 하는 것 말고 또 어떤 점이 보험업을 선택하게 했나요?

당연히 롱런 말고도 선택 포인트가 있었어요. 은행에 있을 때 특히 제가 흥미 있어 했던 일은 고객 상담이었어요. 제가 은행원으로 일할 때는 기본적인 은행 업무 외에 신규 카드 가입, 각종 세금 및 공과금 납부, 적금 등을 유치하는 부수적인 업무가 있었어요. 개개인에게 인센티브로 환산되진 않았지만, 지점별로 할당량이 주어져 책임감 있게 임했습니다. 창구에서 고객이 원하는 은행 업무를 처리하는 길지 않은 시간에 별건으로 고객 설득도 했던 거죠. 그때마다 고객의 관점에서, 고객에게 조금이라도 유리한 조건에 대해 설명해드리는 것을 빼먹지 않았어요. 고객이 적금을 들겠다고 하면 목돈이 언제 필요한지 물어보고, 그 시점에 만기가 되는 적금 중 1퍼센트라도 이자율이 높은 상품을 제안했죠. 반대로 대출받으러 오는 고객에게는 필요한 금액이 얼마인지 물어보고, 최대한도가 더 많아도 고객에게 필요한 만큼만 받도록 설득해 리스크를 줄였어요. 이처럼 제가 가진 정보를 활용해 고객에게 작은 도움을 주는 과정에서 느끼는 교감을 참 소중하게 생각했어요. 고맙다며 음료나 스타킹 같은 소소한 선물을 갖다주는 고객들의 모습에서 보람도 느꼈고요. 다루는 상품과 장소만 달라질 뿐, 이 일의 연장선에 보험업이 있다고 생각했지요.

실제로 은행에서 하던 방식이 보험영업에서도 통했나요?

아니요(웃음). 결정적인 차이를 미처 생각하지 못했더라고요. 이를테면 은행이 인바운드 영업이라면 보험은 아웃바운드 영업이에요. 은행은 고객이 니즈를 갖고 지점으로 찾아오죠. 따라서 은행 상품에 대해 기본적으로 호의를 가진, 열린 마음의 고객을 창구에서 만나게 됩니다. 반면 보험은 대부분 마음이 없거나 희박한 상태의 고객을 찾아가서 상담하고 설득하는 구조죠. 둘 사이엔 엄청난 격차가 존재하고, 현실에서 그 간격은 더 극명하게 드러나더군요. 은행 창구에서 제 설득이나 제안에 웃는 얼굴로 화답하던 고객의 모습에 익숙해 있던 터라 보험영업 초창기에는 당황할 일이 많았어요.

잊지 못할 일화가 있으시다면요?

'약속'의 개념을 새로 정의하게 된 계기가 있었어요. 하루는 소개받아 미리 통화를 하고 고객을 만나러 인천 용현동에 갔었어요. 그때는 지점이 서울역 앞에 있어서 1호선을 타고 한참 걸려 고객의 댁까지 찾아갔죠. 현관 앞에서 초인종을 누르는데 아무 기척이 없더라고요. 당시만 해도 휴대전화가 흔하지 않던 때라 고객과 연락할 방도가 마땅치 않았어요. 어쩔 수 없이 집 앞에서 기다렸죠. 그렇게 한참이 지난 후 고객이 왔는데 저와의 약속을 잊고 있었더라고요. 분명 그날 그 시각에 방문하겠다고 했는데 말입니다. 그러나 정작 고객은 '오늘 올 줄은 생각도 못 했다. 지금은 다른 볼일이 있으니 다음에 다시 와라'로 끝이었어요. 미안하다는 말도, 기색도 없이요. 순간, 고객에게 '보험설계사와의 약속은, 약속이 아니었구나'라는 인상을 받았어요. 돌아오는 전철 안에서 서러움에 눈물이 계속 났는데, 어느 순간 '이 정도 일로 꺾일 수 없겠다'는 생각과 함께 고객과의 통화를 곰곰이 되짚어보게 되었어요. 그제야 깨달았죠. 제가 고객과 한 약속은 제대로 된 약속이 아니었다는 것을요. 약속은 쌍방으로 이루어져야 하는데, 그날 약속은 저의 일방적인 약속이었던 거예요.

일방적인 약속이라는 건 어떤 의미입니까?

말하자면 고객과 약속을 잡는 제 화법에 문제가 있었어요. 그때까지 저는 고객이 느낄 부담을 덜어주고 싶어서 "지나는 길에 들를게요"라는 말로 방문 약속을 잡곤 했어요. 실제로 그렇게 말했을 때 고객이 부담을 덜 느끼는 것 같았고요. 그런데 그런 식의 약속이 고객에게는 '제대로 된 약속'이 아니었던 거죠. 그날 이후부터 약속을 잡을 때 쓰는 화법부터 바꾸었어요. 고객을 만나러 가는 게 주된 목적이라는 걸 명확하게 밝히고, 상담하는 데 어느 정도의 시간을 내어줄 수 있는지도 확실하게 체크했죠. 시간이 마땅치 않거나 애매하다면 다른 날로 옮기더라도 약속을 정확히 잡는 데 좀 더 무게를 두었어요. 또 몇 번을 설득해도 만나기를 거부하는 고객은 제외하고, 약속이 성사된 고객에게 집중했습니다. 주변에서 이런저런 고객 빼면 만날 사람이 얼마나 남겠냐는 우려를 보이기도 했지만, 저는 타율을 높이는 쪽으로 방향을 정했어요. 하루에 한 명을 만나도 유효 상담을 하기로 결심한 것입니다.

타율을 높이겠다는 전략은 잘 맞아떨어졌나요?

다행히도요. 왜냐하면 저와 약속을 한 고객은 최소한 저에게 보험에 관해 궁금한 게 있거나 필요한 게 있었으니까요. 당연히 저도 그 시간의 가치를 귀하게 여기고 고객 상담 전에 더 철저하게 준비했어요. 15분 혹은 30분, 고객이 저에게 할애한 시간에 적합한 상담을 준비해서 주어진 시간에 메시지를 효율적으로 잘 전달하고자 신경 썼죠. 또 고객과 약속에는 항상 30분 전에 도착할 수 있도록 시간을 관리했어요. 갑작스럽게 차가 막히는 경우나 주차 문제 등 돌발적으로 끼어드는 변수까지 고려해서 고객과의 약속에 늦는 일이 없도록 시간을 배분한 거죠. 이런 이유로 고객이 약속에 늦을 경우에도 30분까지는 기다리지만 그 이상은 다음 일정에 상관없이 자리에서 일어납니다. 이렇게 했더니 일단 고객을 만나러 갔다가 어긋나는 일이 없어졌고, 고객이 지인을 소개해줄 때도 '이 사람과의 약속은 시간을 정확하게 지켜야 한다'는 말을 옵션처럼 덧붙이는 분위기가 만들어졌어요. 무엇보다 주어진 시간에 꽉 찬 상담을 할 수 있어 효율성이 높아지고 고객 만족도도 함께 증가했어요. 1,500여 명에 달하는 지금의 고객은 이런 식으로 하나둘 늘어난 결과라 해도 과언이 아닙니다.

어쩌면 오래 굳어진 일종의 관행을 뒤집는 결단이기도 합니다. 약속을 정확히 하는 것 외에 효율을 높이기 위한 다른 시도도 있었나요?

일하는 시간 동안의 효율은 이 일을 계속해나가기 위한 절대적인 조건이에요. 은행을 그만두고 보험업을 시작할 때 남편과 몇 가지 약속한 게 있어요. 평일 저녁 이후와 주말에는 일하지 않겠다는 게 그것이죠. 선배들과 동료들은 밤늦게까지는 물론이고 휴일이나 주말에도 고객을 만나러 다니는데, 저는 그분들에 비해 활용할 수 있는 시간 자체가 상대적으로 적었어요. 이런 상황이 불리하게 작용하지 않도록

하려면 답은 하나, 효율을 높이는 거였죠. 그래서 약속을 정확하게 잡는 것 말고도 초반부터 개인 비서를 썼어요. 보험업을 시작하고 1년 남짓 지났을 때였으니 주변 시선이 곱지만은 않았어요. 높은 실적을 내는, 소위 탑 클래스쯤 되는 사람들이 채용하는 개인 비서를 이제 막 시작한 신입이 쓰겠다고 하니 그럴 만도 했지요. 하지만 당시만 해도 수기 청약 시절이라 하루에 서너 명의 고객만 만나도 지점에 들어와서 처리해야 하는 문서 작업량이 엄청났어요. 고민 끝에 보장 분석과 설계 등에 좀 더 집중하고, 문서 출력과 고객에게 우편물, 선물 보내는 등의 나머지 일은 비서에게 맡겼습니다. 급여 부담은 있었지만 효율을 높여 계약을 늘리면 가능하겠다고 판단했고, 결과적으로 제 생각이 맞아떨어졌습니다.

전문성 향상을 위해서 어떤 노력을 해오셨나요?

누군가에게 제 삶을 이야기할 때 '매년 업그레이드되는 삶'이라는 말을 종종 합니다. 자기 계발을 꾸준히 한다는 의미인데요. 보험업을 시작한 지 20년 차에 접어들었지만, 여전히 회사에서 제공하는 교육 프로그램은 분야를 막론하고 빠짐없이 참여합니다. 심지어 작년과 똑같은 교육이라도 신청해요. 강사가 다를 수도 있고, 그사이 우리 사회가 달라진 부분도 있고, 그에 따른 각종 통계 수치에도 분명 변화가 있기 때문이에요. 작년에 교육받았다면 저한테 탑재된 정보도 작년의 상황과 수치에 머물러 있을 것이므로 당연히 업데이트를 통해 그 격차를 메워야 한다고 생각해요. 이렇게 해야 언제 어느 고객을 만나도 눈높이에 맞춘 상담을 진행할 수 있고, 지금의 트렌드에 맞는 고객의 상황과 니즈를 정확하게 파악할 수 있습니다.

················· '콘텐츠 경영'으로 유명한 LG생활건강 차석용 부회장은 바쁜 와중에도 요즘 사람들이 읽을 만한 책과 잡지를 보는 일에 시간을 할애한다. 퇴근 후에는 백화점이나 상점, 면세점도 가지만 삼청동이나 인사동, 가로수길 같은 서울의 유명한 거리도 자주 돌아다닌다. 다 아는 것 같지만 세상은 끊임없이 빨리 변해가기 때문. 자기가 안다고 생각하는 것과 실제와의 괴리가 생기는 걸 경계하기 위한 루틴이기도 하다. 윤정아의 자기 계발도 이와 맥락을 같이한다. 20년 동안 직접 경험으로 쌓은 노하우도 중요하지만, 앞으로도 오랜 기간 보험설계사로 살아가기 위해서는 변화를 민감하게 읽어내는 감각과 트렌드의 흐름을 꿰는 능력이 무엇보다 중요하므로.

어느새 20년 차를 맞았습니다. 처음 시작할 때 중요한 기준으로 롱런을 꼽았다면, 앞으로의 바람은 무엇입니까?

실적으로 도달할 수 있는 목표 지점에는 거의 다 도달했다고 생각해요. 따라서 수치로 보여주는 것보다는 제 고객들 곁을 오래오래 지키는 보험설계사가 되고 싶다는 바람이에요. 얼마 전에 한 고객이 전화를 주셨는데, 난데없이 '정아 씨 덕분에 오늘 모임에서 목에 힘 한 번 줬다'라고 하시더라고요. 내막을 들어보니 지인 모임에서 어쩌다 보험 이야기가 나왔는데, 그 고객을 제외하고 다섯 명 모두 보험설계사에 대한 불만을 이야기하더라는 거죠. 계약 이후 연락이 없다거나 얼마 후 그만두는 바람에 콜센터 통해 보험금 청구하느라 번거로웠다 등등의 하소연이 쏟아져 나오더래요. 그래서 고객이 제 얘기를 하면서 '내 담당 보험설계사는 금세 연락이 닿는 건 물론이고 언제 전화해도 내 보장 내용을 줄줄 꿰고 있다'고 했더니 모두가 부러워했다는 것이었어요. 다소 상기된 목소리로 들려주는 고객의 이야기에 새삼 이 일의 소중함을 느꼈습니다.

사실 오래 일하고 싶다는 바람에서 시작한 일이라서, 보험업을 통해 지금과 같은 풍요로움을 얻으리란 생각까진 못했어요. 성과를 인정받으며 1년에도 몇 번씩 해외여행을 다녀오는 여유와 저만의 하루를 열고 마무리할 수 있는 사무실이 있다는 것도 행복하지만, 예전에 같이 은행에 다녔던 동료들이 대부분 퇴직한 지금도 여전히 현직에 있다는 것, 무엇보다 앞으로도 많은 날을 더 일할 수 있다는 것에 하루하루 감사해요.

고수의 언어

'다행(幸)으로 복(福)되다.' 19세기 이후에야 서양에서 들어온 '행복'이란 단어는 한자 풀이만 보면 '운이 좋다'는 개념과 이어진다. 영어 'happy'의 어원 또한 '기회, 행운, 우연한 사건'을 뜻하는 고대 노르웨이어 'happ'에서 파생했다. 이처럼 과거에 행복은 인간의 노력과 상관없이 다분히 외적 영향에 의해 만들어지는 감정으로 해석하는 경향이 짙었다. 하지만 최근에는 진화론을 접목한 행복의 정의가 설득력을 얻고 있다. 행복을 생존이

송준호의

행복

라는 목적을 위한 도구로 보는 것. 같은 맥락에서 사람은 원만
한 사회생활을 할 때 가장 유효하고 지속적인 행복을 느낀다고
한다. 긍정 심리학의 권위자인 셀리그먼과 행복 연구의 권위자
인 디너가 공동 연구한 결과에서도 성격이 차지하는 비중(50퍼
센트)과 함께, 행복을 결정짓는 중요한 환경적 요인으로 사회적
관계의 빈도와 만족도, 즉 '타인과 보내는 시간과 만족도'가 꼽
혀, 깊은 인상을 남겼다.

송준호

2002년에 보험업에 입문해 전사 영업 챔피언 2회, 지점장
챔피언 4회, 본부장 1위 2회를 이뤄냈다. 전 세계 보험인의 명
예의 전당인 MDRT 2회, COT(기본 자격의 3배) 4회, TOT(기
본 자격의 6배) 12회 달성과 더불어 우리나라에서 단 2명뿐
인 TOT 종신회원 중 한 명에 이름을 올렸다. 의사·변호사 등
전문가뿐만 아니라 연예인과 스포츠 스타들의 자산관리로도
유명한 그는 신입 보험설계사에게 성공 대신 행복을 약속하
는 본부장이기도 하다.

"저는 보험영업 지원자에게 성공을 약속하는 대신 우리 함께 행복하게 일하자고 제안해요. 남들 눈에 아무리 성공한 것처럼 보여도 스스로 불행하면 아무 의미가 없어요. 그러나 행복하게 일하다 보면 성공은 저절로 따라오게 마련이니까요."

커리어가 화려합니다. 타고난 영업 고수라야 가능해 보이는데요.

오히려 반대에 가까워요. 초창기에는 지점에서 꼴찌를 도맡아 했어요. 면접 자리에서 취미를 묻는 지점장 질문에 '컴퓨터 게임'이라고 했다가 '절대 성공할 수 없을 것'이란 답을 듣기도 했죠. 그도 그럴 것이 신입 보험설계사 교육 첫날 대면한 동기들의 스펙을 보니 놀랍더라고요. 현대차, 한화, 포스코 같은 최상위 대기업 출신들이 적잖은 데에다 대부분 학벌도 화려했어요. 보험업으로의 이직을 염두에 두고 차근차근 준비한 동기들도 많았죠. 금융 분야의 대기업에서 인턴 기간을 포함해 1년 반가량 일하다 보험업을 시작한 저와는 격차가 상당했어요. 본격적인 영업을 시작하고 나니 격차가 더 느껴졌어요. 또래인 제 지인들은 싱글에 소득이 그다지 높지 않아 만일의 경우를 대비하거나 장기적인 인생 플랜을 짜거나 하는 등의 니즈는 없었어요. 삼수에 두 번의 편입을 하는 과정에서 게임에 빠져 피시방만 다닌 탓에 열흘 정도 지나니 그나마 만날 지인마저 바닥났죠. 가족도 어머니와 이모들이 이미 보험영업을 해서 비집고 들어갈 틈이 없었습니다. 개척에 성공한 고수들의 성공 비결을 따라 해보았으나 성과가 없긴 마찬가지였어요. 동기들은 일주일에 열 건 이상씩 계약하는데, 저는 일주일에 세 건도 어려웠지요.

.... 송준호는 2002년 외국계 생명보험사에서 대기업 출신 경력자들을 특별 채용할 때 보험업에 발을 들였다. 잘하면 억대 연봉이 가능하다는 말도 솔깃했지만, 학벌이나 스펙이 아니라 노력으로 승부를 걸 수 있는 '공정한 직업'이라는 점이 도전 의식을 부추겼다. 하지만 그와 함께 특별 채용된 동기들은 학벌과 스펙에, 치밀한 노력까지 두루 갖춘 인재들이었다.

다행히 전환점이 있었나 봅니다?

한번은 지인의 소개로 충주의 신혼부부 집을 찾아갔었어요. 가는 길에 오늘은 계약 성사 전에는 절대로 일어나지 않겠다고 다짐했죠. 오후 5시쯤 도착했는데, 더듬더듬 보험 설명을 다 했는데도 반응이 없더라고요. 평소 같으면 다음을 기약하고 일어났겠지만, 그날은 버텼어요. 어색한 분위기를 견디며 저녁 식사와 차까지 대접받고, 그러는 중간중간 어렵게 보험 이야기를 꺼내기도 했죠. 결국 새벽 2시 무렵에야 아파트를 나섰습니다. 그날도 계약은 하지 못했지만, 최선은 다한 것 같아 집으로 돌아오는 길이 뿌듯하고 행복했어요. 신기하게도 앞으로 최선을 다할 힘을 얻었달까요.

물론 그 힘으로 버티기만 한 건 아니고 보험과 금융을 열심히 공부했죠. 그리고 주변 선후배 동료들의 장점 중 해볼 수 있는 건 무조건 따라 했습니다. 보통 사람들은 1등의 노하우에만 주목하지만 저는 주변 모든 사람의 장점을 배우고 제 것으로 만들려고 노력했어요. 고객 상담 방법부터 스케줄 관리, 다이어리 정리법 같은 건 기본이고 조회 시간에 맨 앞자리에 앉아 필기까지 따라 했어요. 그랬더니 어눌했던 말이 조금씩 유연해지면서 메시지에 힘이 실리기 시작했습니다. 이러한 변화는 고객도 알아봐주었죠. 특히 예전의 저를 잘 알던 친구들의 반응이 달라졌습니다. 보험영업 초창기 "준호가 3개월 이상 영업을 계속하면 내 손에 장을 지진다"라고 말하던 친구들이 "준호가 변했어. 보험에 관심 있으면 준호한테 연락해봐"라고 말하게 된 거죠. 몇 건에 불과했던 친구 계약이 그때부터 수십 건으로 늘기 시작했고, 1년이 되었을 즈음에는 보험업을 시작하며 세운 월 500만 원 소득이라는 목표에 다다랐습니다.

기세를 이어 내로라하는 연예계 스타들의 자산관리로 주목받으셨어요. 당시 톱스타들의 스타일 리스트였던 배우자의 도움이 있었나요?

솔직히 아내와 일하는 연예계 스타들을 고객으로 두고 싶은 마음은 컸죠. 다만 아내와 저는 암묵적으로 합의한 원칙이 있었어요. 서로의 일에 간섭하지 않는 대신 직접적인 도움도 주지 않는다는 거였죠. 사적인 인연을 활용하면 몇 건의 계약은 가능하겠지만 '스타 시장'을 제대로 개척하는 건 어렵겠다는 판단도 있었고요. 기회는 우연히 한

고수의 언어

신문 기사를 보면서 포착했어요. 당시 탤런트 겸 가수로 큰 인기를 누리던 여성 연예인 한 분이 국내 최초로 '다리 보험'에 가입했다는 내용이었죠. 순간, 다리 보험이 가능하다면 다른 가치를 끌어올리는 보험도 가능하지 않을까, 하는 아이디어와 함께 '아시아의 별'로 활약 중이던 유명한 여가수가 떠올랐어요. 그분은 당시 아내가 스타일링을 맡은 톱스타였지만, 소개받지 않고 공식적인 루트로 컨택했죠. 계약은 그분의 가치를 끌어올리는 보험을 설계한 상품 기획서를 보내고 나서 얼마 후 소속사 요청으로 프레젠테이션까지 하고 난 다음에 성사되었어요. 화재보험 회사에 다니며 특이한 보험을 공부했던 경험을 토대로 누구나 접근할 수 있는 홍보나 절세 외에 그분의 가족들에게 어필할 수 있는 보장성보험의 장점을 강조한 게 계약을 이끈 키 포인트였죠. 물론 아내와 절친한 사이로, 우리 집에 놀러 온 게 인연이 되어 고객이 된 여가수를 비롯해 아내를 통해 인연을 맺은 연예계 스타도 몇몇 있어요. 그렇지만 대부분은 철저히 공부하고 준비해 개척한 결과였습니다.

.... 연예계 스타 시장을 개척하면서 송준호가 가장 중요하게
여긴 건 시장에 관한 공부였다. 연예계 안에서도 가수, 배
우, 방송인에 따라 보험 니즈가 달랐던 까닭. 또 가수 안에
서도, 같은 아이돌이라고 해도 기획사에 따라 급여 체계

가 전혀 달랐다. 그는 이런 부분들을 세세하게 공부해나가면서 이 분야 전문가로 자리 잡을 수 있었다. 몇몇 스타들로부터 인정받은 후부터는 그 안에서 소개가 이어졌고, 나중에는 스타가 먼저 상담을 요청해오는 경우도 적지 않았다.

연예계뿐만 아니라 스포츠계도 진출하셨지요?

스포츠 시장은 스포츠 신문 출신 보험설계사와 컬래버레이션으로 도전하게 되었어요. 스포츠 기자로 활동하며 쌓은 화려한 인맥을 좀처럼 실적으로 연결하지 못하던 참에 제게 조인트 영업을 제안해온 거였죠. 남들이 하지 않는 새로운 분야를 개척할 기회를 얻는 것은 물론이고 스포츠를 워낙 좋아하다 보니 마다할 이유가 없었어요. 파트너십으로 처음 만난 스포츠 스타는 파트너와 막역한 사이로, 한 프로야구 구단의 간판 포수였어요. 그 선수의 팬이었기에 만나기 전부터 설레었지만, 보험 쪽으로는 연결되지 않았어요. 그 구단의 선수 출신인 보험설계사도 있었고 구단장 조카도 보험영업을 하고 있어서 더 이상 보험 가입은 어렵다는 게 이유였죠. 물론 첫 상담은 그렇게 무산되었지만, 그때부터 프로 스포츠에 관한 공부를 시작해 기회가 될 때마다 우편으로 그 선수에 맞춤한 금융 정보들을 전달했어요. 가령 프로야구 선수들의 오프 시즌인 12월, 1월에는 급여가 없는 반면,

결혼식 등 돈 들어갈 일은 몰려 있다는 점에 착안해 이 시기에도 수입이 끊기지 않도록 금융상품을 제안하는 식이었어요. 선수가 부상 중일 때는 회복에 도움이 되는 건강식품을 챙기기도 했죠. 그렇게 6개월쯤 지나니 그 선수가 먼저 만나자고 연락해왔어요. 그간 공부한 내용에, 파트너가 제공해준 야구 시스템에 관한 디테일한 정보 등을 참고해 상품을 설계해 상담했더니 만족도가 매우 높았어요. 이후 자신과 친한 당대 스타 야구 선수들을 소개해주면서 고객 리스트는 점점 늘어났죠. 나중에는 야구를 시작으로 축구, 농구, 배구 등으로 시장이 확대되었어요. 지금도 제 고객의 10퍼센트는 스포츠계와 연예계 스타들입니다.

그런데 2009년과 2011년 전사 챔피언 달성에 이어 2012년 영업 1위를 고수하던 시기에 새로운 도전을 하셨어요.

맞습니다. 보험영업을 시작한 지 5년 차 되었을 때 세운 중장기 목표를 실행에 옮긴 것인데요. 부지점장과 30명의 보험설계사로 이루어진 조직을 이끄는 지점장이 되었습니다. 제가 이상적으로 생각하는 보험영업 조직을 만들고 싶은 바람에서였죠. 다만 보통의 관리자들과는 두 가지 점에서 달랐어요. 그간의 성과를 인정받아 부지점장을 거치지 않고 바로 지점장이 되었다는 것, 그리고 조직 관리를 하면서도 개인영업을 계속했다는 겁니다.

보험영업은 개개인의 영업 성과에 따라 보상받는 시스템으로 알고 있습니다. 조직 관리를 병행하는 이유가 있나요?

　보험영업은 쉽지 않은 일입니다. 고객에게 거절당하는 게 일상이고, 그것 말고도 여러 이유로 스트레스를 받죠. 바깥에서 에너지 소모가 큰 만큼 안에서는 쌓인 스트레스를 풀고 충전해야 합니다. 동료들이 가족보다 더 가깝고 힘이 되는 존재가 되고, 사무실(지점)이 힘들 때 들어오고 싶은 곳이 되어야 해요. 그러자면 서로를 아끼고 존중하는 문화가 바탕이 되어야 하고요. 이런 조직을 만들기 위해 관리자의 길에 들어섰죠.

조직 문화를 위해 실제로 어떤 노력을 해오셨나요?

　본부장이든 지점장이든 팀원이든 상관없이 서로 아끼고 존중하는 문화를 가장 강조했어요. 물론 저부터 솔선수범했죠. 예를 들어 지금도 회의 시간이 되면 제가 커피를 챙겨서 동료들의 자리에 놓습니다. 의자도 앉기 편하도록 조금 빼놓고요. 교육이 있을 땐 강사가 누구든 제일 앞자리에 앉아 노트를 펴고 메모를 해요. 정리에도 도움이 되지만 이보다는 상대방을 아끼고 존중한다는 걸 보여주기 위해서죠. 이렇게 해야 상대방도 저를 존중해주고요. 이처럼 지위에 상관없이 상대를 존중하는 습관이 몸에 배면 인간관계가 한결 편해져요. 상대방이 누구냐에 따라 행동이 달라질 필요가 없으니 그만큼 피로감과 불필요한 에너지 소모가 줄어들죠. 당연히 영업에도 도움이 됩니다. 보험료의 크기에 상관없이 모든 고객을 존중하게 되니까요.

이러한 조직 문화를 유지하기 위해 리크루팅 단계에서도 각별하게 신경 썼어요. 본부장 최종 면접에서 제가 건네는 질문은 자기소개와 지원 동기 외에 딱 두 가지예요. '스스로 삶을 변화시키기 위해 했던 어떤 노력의 경험'과 '나만의 행복 포인트'가 그것이죠. 전자가 노력과 수용성을 알아보기 위한 질문이라면, 후자는 평가보다는 지원자 스스로 자신을 돌아보는 기회를 주는 게 목적입니다. 저는 보험영업인이 갖추어야 할 가장 중요한 덕목은 자신을 믿고, 아끼고, 사랑하는 일이라 생각해요. 그래야 동료와 고객을 믿고, 아끼고, 사랑할 수 있을 뿐만 아니라 힘들고 지칠 때 계속해나가는 힘을 얻을 수 있어요. 자신의 행복 포인트를 아는 게 중요한 이유인데요. 저한테는 그게 게임이었어요. 보험영업 2년까지는 엄두도 못 냈지만 3년 차부터 다시 틈틈이 게임을 시작한 것도 게임을 할 때 행복해지기 때문이었어요.

·················· 송준호가 즐겨한 게임은 삼국지를 모티브로 삼은 전략 시
뮬레이션 게임인 '대황제'였다. 보험영업을 할 때와 마찬
가지로 게임에서도 그는 자신만의 독창적인 전략을 짜기
보다는 잘하는 사람들의 전략을 따라 했다. 덕분에 보험
뿐만 아니라 '대황제' 게임으로도 우리나라 1위 기록을 보

유하고 있다. 게임 시작 후 400일 동안 단 이틀 빼고 꾸준히 한 결과다.

그래서 저는 보험영업 지원자에게 성공을 약속하는 대신 우리 함께 행복하게 일하자고 제안해요. 남들 눈에 아무리 성공한 것처럼 보여도 스스로 불행하면 아무 의미가 없어요. 그러나 행복하게 일하다보면 성공은 저절로 따라오게 마련이니까요.

증명이라도 하듯 보험설계사로서도 관리자로서도 매우 성공적인 행보를 이어왔습니다. 이를 통해 전하고 싶은 메시지가 있나요?

보험설계사를 둘러싼 편견이 참 많은데, 그중 하나는 '극소수의 능력 있는 보험설계사만 성공해서 고액 연봉을 올린다'는 것입니다. 그런데 제가 관리하는 조직을 들여다보면 실제와는 차이가 있다는 걸 알 수 있어요. 2022년 9월을 기준으로 열 개 지점, 330여 명의 보험설계사가 소속된 우리 본부는 처음에 저 혼자였던 TOT가 다섯 명이 된 것을 비롯해 COT는 열네 명, MDRT*는 무려 52명에 달합니다. 회사 내에서도 성과가 높고 대한민국 보험사를 통틀어서도 매우

---

* 1927년 미국 멤피스에서 시작된 MDRT(Million Dollar Round Table, 백만 달러 원탁회의)가 약 1억 5,000만 원의 초년도 보험료나 약 6,000만 원의 수수료 실적(구체적 달성 기준은 매년 조금씩 변경됨)을 달성한 설계사들에게만 부여하는 회원 자격. 고도의 전문 지식과 윤리성, 고객 서비스 역량 등까지 요구하고 있어 보험·재무 설계 분야 명예의 전당으로 알려져 있다. 회원 등급은 3단계로 MDRT, COT(MDRT 실적의 3배), TOT(MDRT 실적의 6배)가 있다.

높은 수준으로, 보험설계사 다섯 명 중 한 명은 1억 원 이상의 고액 연봉자임을 의미하죠. 이쯤 되면 보험설계사 중 극소수만이 고액 연봉자라는 편견을 깨기에 충분하지 않을까요?

또 스펙이나 영업 능력이 반드시 뛰어난 성과로 이어지는 건 아니라는 것도 보여주고 싶었어요. 앞서 말했듯 저 역시 보험을 함께 시작한 동기들 중 스펙이 가장 좋지 않았고, 영업 실적은 한동안 바닥을 벗어나지 못했어요. 대신 노력 하나는 정말 꾸준히 잘했어요. 관리자의 길을 병행한 후 개인영업보다 조직 관리를 우선시한 건 맞지만, 고객관리 또한 철저히 했습니다. 다만 고객을 찾아갈 시간이 없었는데, 고맙게도 어느 순간부터는 고객들이 사무실로 저를 찾아오기 시작했죠. 그것도 저의 시간에 맞춰서요. 덕분에 영업 실적을 올리면서 조직도 키워나갈 수 있었습니다.

·················· 관리자가 되기 전 세 번의 TOT를 달성했던 송준호는 관리자가 된 후에도 무려 아홉 번이나 TOT를 추가 달성했다. 그리고 열 번째 TOT를 기록한 2020년, 국내에서는 두 명뿐인 TOT 종신회원이 되었다.

영업 현장에 오래 머물며 알게 된 점 중 하나는 처음에 뛰어난 스펙으로 남다른 능력을 보여준 이들은 기대만큼 오래 가지 못한다는 거예요. 오히려 끊임없이 노력하며 다른 사람의 장점을 잘 받아들이는 사람이 성공하는 경우가 많았죠. 결국 보험과 함께해온 20년은 능력보다는 노력, 개인기보다는 팀워크가 중요하다는 걸 깨닫는 시간이 아니었나 생각합니다.

'진심'은 거짓이 없는 참된 마음을 뜻하지만, 태도의 영역까지 아우른다. 사람과 사람 사이에서 관계의 순도를 측정하는 기준이기도 하다. 성공의 비결로 거론되는 다양한 비즈니스 마케팅 기법 중에서 롱런하는 불변의 진리로 통한다. 일례로 미국의 유명 온라인 쇼핑몰 재포스(Zappos)는 고객이 특정 제품을 주문했을 때 재고가 없으면 그 제품을 당장 살 수 있는 경쟁 회사의

정민서의
진심

사이트를 알려주는 서비스를 펼쳤다. 오직 고객 중심으로 기업을 운영하겠다는 '진심 전략'은 고객의 호응을 불러와 매년 100퍼센트의 성장을 기록하며 재포스를 성공 반열에 오르게 했다. 미국의 저명한 심리학자인 너새니얼 브랜든은 '진실하게 살지 않으면 첫 번째 희생자는 늘 자신이 된다'며 일상적인 진심을 강조한 바 있다.

정민서

10년간 요가 강사로 일하다가 2017년 8월에 보험업을 시작
해 올해로 7년 차에 접어들었다. 요가와 명상으로 몸과 마음
의 균형 감각을 키우듯 보험을 통해 고객의 삶에 균형을 잡아
주는 일에 진심을 쏟고 있다.

"보험영업을 할 때 고객에게 건네는 언어들은 어떤 스킬이나 요령의 수단이 되어서는 안 된다고 생각해요. 이 길을 먼저 걷고 있는 선배들에게 제가 배운 것은 유혹하는 언어가 아니라 진심의 언어였어요. 언어에 담긴 그 마음들이 고객에게 닿은 덕분에 지금까지 해올 수 있었고, 앞으로 더 해볼 힘을 낼 수 있는 것이지요."

정민서의 진심

요가 강사로 오래 일하셨다고 들었습니다.

10년 정도 요가 강사로 일했어요. 요가 학원도 운영했었고요. 요가 강사 이전에는 수영 강사였죠. 그러고 보니 모두 몸을 쓰는 일이네요. 어릴 때부터 유연성이 남달랐어요. 언니를 따라 일찍부터 무용을 배웠는데, 대학은 체육대학으로 갔어요. 당시 집안 형편이 좋지 않아 아르바이트를 찾다가 수영 강사 수입이 좋다는 것을 알고 서울 YMCA에서 수영을 배웠죠. 대학 졸업 이후에도 수영 강사로 쭉 일했는데, 물속에 있는 시간이 길다 보니 어느 순간부터 몸과 마음이 지치기 시작했어요. 어느 날은 너무 힘든 나머지 종교도 없으면서 종로 한복판에 서서 무작정 기도했죠. 정말 힘든데 앞으로 어떻게 살아야 할지 모르겠다고요. 그때 눈을 감았다가 뜨는 순간, 눈앞에 '핫요가○○○'라는 간판이 선명하게 들어왔어요. 이 이야기를 들으면 모두가 웃지만, 절박했던 저에게는 그 상황이 꼭 신의 계시 같았어요. 그 길로 곧장 거기에 등록하고 무언가에 홀린 듯 요가를 하게 되었어요.

·············· 올해로 여든여덟 된 정신의학자 이근후 선생이 그랬다. '인생은 필연보다 우연에 좌우되었고 세상은 생각보다 불합리하고 우스꽝스러운 곳이었다'고. 이러한 '사소한 즐거움을 잃지 않는 한 인생은 무너지지 않는다'고. 정민서

의 삶의 회로도 이처럼 예상치 못한 지점에서 닫히고 열렸다. 생이 방향을 전환하는 순간이 다소 즉흥적이고 돌발적일 때도 있었지만, 어떤 선택을 했든 그 선택에 최선을 다하는 방식으로 삶의 서사에 개연성을 불어넣는다는 것만큼은 변함이 없었다.

운명처럼 시작하게 된 요가에서 보험업으로 또 한 번 직업을 바꾼 계기는 무엇일까요?

요가 학원은 수강생들이 주로 직장인이다 보니 수업이 오전과 저녁에 몰려 있어요. 아이를 보살펴야 하는 상황에서 이러한 생활 리듬은 아무래도 부담이 되었어요. 낮에 일하고 저녁에는 아이와 함께 시간을 보낼 수 있는 일을 기웃거리게 된 이유죠. 10년 넘게 요가만 해오다 보니 슬슬 다른 일에 대한 갈증이 생기기도 했고요.

보험업은 제가 가입한 보험을 담당했던 메트라이프생명 설계사를 통해 시작하게 되었어요. 하루는 학원으로 찾아와 제가 가입한 연금상품에 대한 리뷰를 해주는데, 수익률이 괜찮기에 그 이유를 물어봤어요. 그랬더니 기본적인 설명을 해주면서 더 궁금한 것은 들어와서 배우라고 했습니다. 무슨 소리인가 싶었는데, 바로 리크루팅이었던 거죠.

보험 일을 시작하고 적응하기까지 마음의 부침이 적잖으셨다고요?

　요가 학원 원장을 할 때와 달리 바라보는 지인들의 시선과 사람들의 선입견에 좌절감을 느낄 때가 많았어요. 어느 순간부터는 저 자신조차 '내가 할 일이 아닌가'라는 의문을 품었죠. 그런데 생각해보면 지인과 주변 사람들이 그들의 잣대로 보험업과 저를 판단했듯이 저 또한 저만의 필터링으로 고객들을 바라봤던 것 같아요. 그런데 우연히 〈슬기로운 의사생활〉이라는 드라마를 보면서 이전의 생각을 바로잡는 계기를 접했어요. 극 중에서 환자가 스스로 자신을 포기하려 하자 의사는 무릎을 꿇으면서 환자에게 이렇게 부탁해요. '스스로 포기하지 말아달라'고요. 그 말에 정신이 번쩍 들더군요. 스스로 이 일을 포기하려 했던 마음을 다잡게 되는 한편, 고객이 처한 상황을 앞에 두고 지레 포기할 생각 먼저 했던 저를 반성하게 되었습니다. 이후부터는 필요하다는 확신이 들면 고객이 납득할 때까지 몇 번이고 포기하지 않고 이야기를 건넸어요. 다른 때는 양보가 미덕일지 몰라도 고객 상황에 맞는 보험을 설계할 때만큼은 결코 양보해선 안 된다는 걸 깨달았습니다.

마음을 돌려세운 후에는 특별히 큰 어려움이 없었나요?

　사실 보험업에 입문한 후 한꺼번에 힘든 상황이 몰아서 닥쳐온 시기가 있었습니다. 학원을 접고 어린 아들을 홀로 키워야 했는데, 모두 제가 선택한 일이었지만 막막한 건 어쩔 수 없었어요. 게다가 그즈음 저를 리크루팅한 팀장과도 사이가 어긋나 그야말로 세상에 혼자 떨어진 기분이었죠. 그런데 그만두더라도 첫 고객에게는 얘기해야 할 것 같아서 '그만두면 어떨 것 같으냐'고 운을 떼었더니만 제 질문에 돌아온 답이 '얼른 그만두고 다시 같이 요가 하자'는 거였어요. '내가 제대로 된 설계사가 아니었구나' 싶어 창피했습니다. 그 자리에서 1년만 더 악착같이 해보자고 마음먹었어요. 적어도 저를 믿고 계약한 고객들에게만은 없어서는 안 될 설계사로 인식되고 싶었죠. MBTI에서 붙박이 I 성향인 제가 사내 방송에 출연하면서까지 잘해보겠다는 마음을 공표하고, 뱉은 그 말을 실행에 옮기기 위해 이를 악물었습니다. 일례로 멘토로 만난 선배와의 모든 통화를 녹음한 다음 토씨 하나 놓치지 않고 그대로 따라 했어요. 그렇게 정신없이 매진했더니 어느새 사람이 쌓이기 시작하더군요. 무엇보다 항상 자신을 불안하게 바라보던 예전과 달리 누구보다 자신을 응원하는 사람이 되었습니다. 제가 저의 가장 열성적인 팬이 된 셈이죠. 덕분에 고객을 대할 때도 더 당당하게 이야기할 수 있는 힘이 생겼어요.

················· 한국인 최초로 필즈상을 수상한 허준이 미국 프린스턴 대 교수는 한 인터뷰에서 어려운 주제에 접근하는 데 가장 중요한 건 '태도'라고 말했다. 그런 의미에서 그는 사람

정민서의 진심

들이 자기 자신에게 친절했으면 한다는 조언을 건네며 이렇게 덧붙였다. "오랜 시간이 드는 힘든 일을 마음이 맞지 않는 동료와 하고 싶진 않잖아요? 그건 자기 자신과도 마찬가지입니다."

요가는 점진적이기는 해도 꾸준한 수련으로 몸의 상태가 바뀌면서 수강생들의 만족도가 어느 정도 눈에 보일 테고, 이러한 변화가 직업적 만족도로 연결되는 일이 잦았을 거라 짐작합니다. 보험업을 하면서는 언제 힘을 얻습니까?

첫 번째로는 매월 소득이 정산될 때 가장 보람을 느낍니다(웃음). 이제 7년 차에 접어들었기 때문에 솔직히 말하면 아직 뿌리를 단단하게 내리지는 못했어요. 여전히 알고 있는 것보다 배워야 할 게 많다고 생각하죠. 그런데도 열심히 하려는 마음을 알아봐주는 고객을 만났을 때 가장 큰 힘을 얻어요. 한번은 이관계약 건으로 만난 고객으로부터 상담 후에 "항상 노력해주셔서 감사합니다"라는 인사를 받은 적이 있어요. 그동안 멘토에게서 숱하게 들어온 '진심은 지구도 움직인다'라는 말이 그 순간 구체적인 형태로 변환되어 제게 걸어 들어오는 느낌이었어요.

·················· 그날 '진심이 닿는다'는 말은 바로 이런 때를 위해 존재한

다는 것을 깨달았다는 정민서는 그 말 한마디를 자양분 삼아 더 좋은 사람이 되어야겠다는 다짐을 몇 번이나 했다. 『연금술사』의 저자인 브라질의 소설가 파울루 코엘류는 '우리가 더 나은 사람이 되려고 노력할 때, 우리 주변에 있는 모든 것들 또한 더 좋아진다'라고 말했다. 정민서의 경우도 그러했다.

어떤 영업 스타일을 추구하시나요?

기본적으로 상담을 할 때는 무언가를 보태거나 빼는 일 없이 있는 그대로를 설명하려고 노력해요. 설계사로서 제 생각을 전달할 때도 과장하거나 축소하지 않으려고 스스로 검열을 엄격하게 하는 편입니다. 다만 고객의 재정 상태를 분석할 때는 문득문득 요가 강사 시절의 제 모습이 튀어나오곤 해요. 요가를 수련하다 보면 '조금 더, 조금 더 늘려보세요'라는 말을 자주 하게 돼요. 물론 몸에 무리가 되지 않는 선에서 해야 합니다. 그래야 평상시 쓰지 않던 근육의 사용량이 늘어나 전반적으로 몸이 균형을 잡거든요. 재정도 마찬가지예요. 전문가의 시각에서 보면 줄여야 할 부분과 늘려야 할 부분이 분명하게 보이기 때문에 그 균형이 깨져 있다면 고객에게 '조금 더, 조금 더'를 요구하게 되죠. 고객의 라이프 사이클에서 봤을 때 꼭 필요한 보험인데 해약하겠다고 하면 잔소리를 넘어 야단을 치기도 하고요. 저와 고객 간의 신뢰는 이런 모습이 축적되면서 쌓였다고 생각해요. 사회 초년생 중에는 급여 관리를 저와 먼저 의논하는 고객도 있고, 통째로 자산관리를 맡아달라는 고객도 있어요. 자영업을 하는 어떤 고객은 매출 관리를 상의하기도 하죠. 물론 그만큼 제가 공부해야 할 분야도 늘어나는 셈입니다.

················ 생각해보면 그의 삶은 일종의 '균형 잡기'의 연속이었다. 무용이 균형 잡힌 신체의 예술적 움직임이라면 수영은 물에 몸을 맡기고 균형을 잃지 않는 법을 터득하는 데에서 다음 단계로 나아간다. 요가는 스트레칭으로 평소 자주 쓰는 근육과 좀처럼 쓰임새를 찾지 못했던 근육의 발달을 조화롭게 하고, 명상과 호흡을 통해 몸과 마음의 균형 감각을 키우는 데에 가치를 둔다.

그렇다면 보험은 어떤가. 무용, 수영, 요가의 연장선에 배치한 보험은 삶 전체의 균형에 방점을 찍는 일이라 해도 크게 무리가 없을 것이다. 살면서 예기치 못한 어떤 위험이 덮쳤을 때, 일상이 어느 한쪽으로 기울어지면서 지금껏 공들였던 삶이 원치 않는 방향으로 왈칵 쏟아져버리지 않도록 균형을 잡아주는 게 보험이다.

고수의 언어

7년 차에 접어든 보험설계사로서 이제 막 보험업을 시작한 이들에게 해주고 싶은 조언이 있나요?

보험업을 하며 지나온 시간을 돌아보면, 가장 힘들었을 때가 보험업의 어려움을 터놓고 이야기할 대상이 마땅히 없던 시기였어요. 다행히 저는 오래되지 않아 마음을 나눌 멘토를 만나서 흔들릴 때마다 버팀목으로 삼아 다시 평상심을 찾을 수 있었어요. 덕분에 이제는 누군가에게 마음 한쪽 내어줄 여유도 생겼고요. 저는 보험업을 시작한 지 얼마 되지 않은 설계사라면 어떤 상황도 함께 나눌 수 있는 동료를 꼭 만들라고 조언하고 싶어요. 힘들 때 옆에서 누가 잠깐 손만 잡아주면 균형 잡기가 훨씬 수월하잖아요.

어떤 보험설계사가 되고 싶나요?

사람들이 필터링 없이 보험업을 바라볼 수 있도록, 보험에 대한 세상의 시선을 바꾸는 데 기여하는 설계사가 되고 싶어요. 그러자면 제가 매일 만나는 고객들에게 진심을 다해, 바르게 영업하는 게 우선되어야겠죠. 보험영업을 할 때 고객에게 건네는 언어들은 어떤 스킬이나 요령의 수단이 되어서는 안 된다고 생각해요. 이 길을 먼저 걷고 있는 선배들에게 제가 배운 것은 유혹하는 언어가 아니라 진심의 언어였어요. 언어에 담긴 그 마음들이 고객에게 닿은 덕분에 지금까지 해올 수 있었고, 앞으로 더 해볼 힘을 낼 수 있는 것이지요.

·················· 진심을 담는 언어는 따로 있지 않다. 마음이면서 태도인 진심은 말에 행동이 더해졌을 때 비로소 상대에게 닿는다. 어떤 마음보다 '진심'에 묵직하게 무게가 실리는 이유다. 포털사이트에서 제목에 '진심'을 가져다 쓴 책을 검색하면 무려 1만 9,584건(2022년 6월 11일 기준)이 불려 나온다.

완벽한 인간이란 존재하지 않으며, 인간은 누구나 관계를 통해
부족한 부분을 채우고, '관계'라는 테두리 안에서 인정받거나
사랑받으며 자신의 정체성을 확인해나간다. 하버드대 위간 교
수에 의하면 가정이나 사회, 직장 생활에서 실패한 사람의 85퍼
센트는 그 원인으로 '잘못된 인간관계'를 꼽았다. 반대로 미국

남수경의

관계

카네기재단에서 사회적으로 성공한 CEO들에게 성공 비결을
묻자, 85퍼센트가량이 '잘 맺은 인간관계'라고 답했다. 오랜 기
간 기업의 문제를 살펴보고 이를 해결해온 미국의 글로벌 조직
문화 컨설턴트 랜디 로스는 조직의 성공과 실패를 두고 다음과
같은 결론을 내렸다. '관계가 해결책이다.'

남수경

2005년 1월 보험업을 시작한 이래 꾸준히 높은 실적을 거두
어왔다. 전 세계 보험인의 명예의 전당 MDRT의 운영진으로
왕성하게 활동했으며, 2023년에는 메트라이프생명 MDRT
회장으로 임명되었다. 자신을 더불어 일하는 환경에서 실력
을 더 잘 발휘하는 '관계지향성'이라고 말하는 그는 고객뿐만
아니라 후배들과도 스터디 그룹 활동을 통해 관계를 형성, 수
년째 이어오고 있다.

"오랫동안 성실하고 진실한 마음으로 사람들과 참된 관계를 쌓으려고 노력한 것이 성공 전략이라고 할 수도 있겠네요. 저는 혼자만 놓고 보면 다소 부족한 사람이라고 생각해요. 하지만 함께하는 동료들과 '우리'가 되었을 때는 그것을 넘어서서 완벽에 다가갈 수 있습니다."

지점 구성원들 사이에서 '걸크러시' '리더십' 등으로 통한다고 들었습니다. 이들 단어에서 호쾌하고 활달한 성격이 연상되는데, 실제로 어떠신가요?

보험업을 하기 전에는 친한 사람들 앞에서는 에너지 넘치는 활달한 성격이었지만, 낯선 사람들 앞에서는 낯을 가리는 편이었어요. 하지만 보험업이라는 것이 계속해서 새로운 사람을 만나야 하는 일이기에, 낯선 사람과의 만남과 대화에 익숙해지면서 낯가림도 점점 줄어들었죠. 그러다 보니 외형적으로 바뀐 면이 있고요. 보험을 통해 고객의 삶에 긍정적인 영향을 끼치는 데서 보람을 느낄 뿐 아니라 많은 에너지도 얻고 있죠.

그간 일궈온 성과를 보면 변화의 계기가 있었거나 본인의 성향에 맞는 성공 전략을 잘 세우셨을 것으로 생각됩니다.

저는 특별히 세일즈 아이디어가 있거나 치밀하게 성공 전략을 세우는 편은 아닙니다. 제가 여기까지 올 수 있었던 것은 오로지 저를 믿고 선택해주고 지금도 함께하고 있는 고객들 덕분이에요. 언니처럼 동생처럼 고객들의 이야기를 들어주고 같이 고민했던 시간이 저의 재산으로 쌓였죠. 물론 신뢰로 단단히 결속해 있는 동료들도 빼놓을 수 없습니다. 오랫동안 성실하고 진실한 마음으로 사람들과 참된

고수의 언어

관계를 쌓으려고 노력한 것이 성공 전략이라고 할 수도 있겠네요. 저는 혼자만 놓고 보면 다소 부족한 사람이라고 생각해요. 하지만 함께하는 동료들과 '우리'가 되었을 때는 그것을 넘어서서 완벽에 다가갈 수 있습니다.

아울러 일에 집중할 수 있는 조건을 미리 만들어놓는 것도 정말 중요한데요. 보험업 초기부터 저의 업무를 지원해줄 비서를 채용했어요. 여성으로서 또 아이들 엄마로서의 역할 또한 소홀히 할 수 없기에 가사 도우미를 적극적으로 활용했고요. 매일매일 치열하게 현장에서 일어나는 일들을 점검하고 필요하면 더 배울 수 있도록 스터디 그룹도 만들었어요. 멘토링해줄 선배와 꾸준히 만나는 것도 여기에 해당하죠.

················· 남수경은 일반적으로 성공하는 방식에는 크게 두 가지가 있다고 했다. 자신의 뛰어난 능력으로 사회적으로 높은 지위에 오르는 성취지향형과 함께하고 싶은 사람들과 도움을 주고받으며 더불어 일하는 것을 선호하는 관계지향형이 그것. 그중 후자에 속한다고 말한 그는 '실력 있는 이들과 주고받는 피드백과 신뢰를 담보로 한 관계의 밀도가 한 사람의 성장에 유의미한 영향을 미친다'는 것을 지금까지의 과정을 통해 몸소 보여준다.

보험업에 대한 애정과 신뢰가 좀 더 깊어진 건 언제였나요?

보험영업에 관한 생각이 바뀌는 계기가 있었어요. 입사 초기 지체장애 자녀를 둔 고객을 통해서였는데, 질병 코드가 F냐 R이냐에 따라 통원비를 받고 못 받고가 결정 나는 상황이었죠. 그 경계는 정말 백지장 하나 차이에요. 제 고객의 경우는 이전까지 줄곧 R코드를 받아 보험 적용을 받지 못했는데, 상담해보니 충분히 F코드를 받을 수 있을 것 같아 다시 진단받길 권유했어요. 다행히 F코드가 나와 그간 받지 못했던 보험금까지 소급해서 적용받을 수 있었죠. 그때 고객으로부터 감사하다는 인사를 넘치게 받으면서 보험영업에 대해 좀 더 깊이 생각하게 되었어요. 제가 하는 일이 단순히 상품을 파는 게 아니라 '고객을 돕는 일'이라는 자부심과 사명감을 가지게 되었습니다.

19년 차 보험설계사가 생각하는 보험업의 매력은 무엇이지요?

저는 이 일을 하면서 외롭다고 느껴본 적이 없을 만큼 많은 사람을 얻었어요. 정말 생각지도 못한 고객을 만나고, 그들을 통해 새로운 삶을 배웁니다. 한번은 95세의 기업 회장님을 소개받아 상담했는데, 얼마나 열심히 살아오셨는지를 들으며 저절로 삶의 자세를 바로잡게 되더군요. 또 암 진단을 받은 고객이 자기 삶을 대하는 태도를 보면서 제 삶을 다시금 들여다보게 되었죠. 꼭 특별한 스토리를 가진 고객이 아니어도 상담을 통해 꾸준히 성장하는 저 자신을 발견할 때가 많아요. 재무 분석을 통해 고객의 미래를 설계하면서 저의 미래를 살펴보기도 하죠. 직장은 대부분 퇴직과 동시에 경력이 제대로 연장되지 않습니다. 하지만 보험업은 그렇지 않아요. 계속해서 제 삶과 함께하죠. 이처럼 타인의 삶과 나의 삶을 나란히 설계하고 영위할 수 있는 직업은 정말 드물다고 생각해요.

현장에서 고객을 만날 때 가장 중요하게 생각하는 것이 있다면요?

제일 중요하게 생각하는 것 중 하나는 '관계 형성'입니다. '왜 일을 하는가?'라고 누군가 질문을 한다면 저는 망설임 없이 '돈'이라고 할 겁니다. 다만 전제는 있습니다. 보험금융에 있어서 가장 필요한 경쟁력은 무엇보다도 '사람의 마음을 얻는 것'입니다. 가정에 어떠한 위험이 생겼을 때 현명하게 대처할 수 있도록 돕고, 미래에 풍요로운 삶을 살 수 있도록 준비해드리는 것이 바로 우리의 사명이기에 '사람의 마음을 얻는 것'은 정말 중요합니다. 물론 그러자면 기본적으로 전문 지식을 갖추어야 해요. 사람의 마음을 얻고, 아무리 좋은 관계를 유지한다고 하더라도 전문성 없이 형성한 관계는 지속하기 어렵기 때문이죠. 보험설계사는 현장에서 고객을 만나야 하는 직업인 만큼 전문 지식의 습득을 위해 별도의 시간을 아낌없이 내야 하고, 지속해서 지식 습득을 위해 노력해야 한다고 생각합니다.

지금까지의 성장을 이끌어준 필살기가 있나요?

성장을 위한 필살기라기보다는 이 일을 지속해서 하며 꾸준히 성장하기 위해서 정말 중요한 것들이 몇 가지 있습니다. 첫 번째는 '진심으로 마음을 다하는 것'입니다. 진심은 무조건 전달되게 되어 있습니다. 삶에서 기적은 대단한 노력이나 스펙이 아니라 작은 마음가짐에서 시작됩니다. 그 시작이 바로 '진심'인 거죠. 두 번째로는 '표현하는 것'입니다. 자기감정도 알 수 없는데 상대방의 감정을 어떻게 알 수 있을까요? 저는 인연을 맺게 된 이에게는 누구에게라도 적극적으로 표현합니다. 내면에 쌓아두지 않고, '고맙다' '감사하다' 같은 구체적인 언어로 마음을 알려주지요. 세 번째로는 '베푸는 것'입니다. 기대하지 말고, 바라지 말고, 조건 없이 베풀어야 합니다. 무언가를 기대하면서 베푼다면 그건 아예 하지 않는 편이 좋을 수도 있어요. 그건 베푸는 것이 아니기 때문이에요. 네 번째로는 '꾸준히 하는 것'입니다. 꾸준히 했을 때 믿음이 쌓이면서 관계가 유지됩니다. 다섯 번째는 '아주 많이 웃는 것'입니다. 좋을 때도 웃고, 싫을 때도 웃고, 힘들 때도 웃어야 합니다. 이렇게 마음속에 새겨둔 다섯 가지가 지금의 저를 있게 하지 않았나, 생각합니다.

·············· 답변에 이어 남수경은 성장을 위한 팁으로, 나 혼자만으로는 성장할 수 없다는 사실을 깨닫는 게 중요하다고 덧

고수의 언어

붙였다. 그에게 그 계기는 2014년에 열린 토론토 MDRT 연차 총회였다. 당시 그 자리에 모인, 성공한 사람들의 이야기 속에는 약속이라도 한 듯 '함께 성장한 경험'이 녹아 있었다. 이후 그는 자신을 '사회에 기여하기 위해 살아가는 사람'으로 정의하고, 함께 일할 수 있는 사람을 찾고, 그런 사람이 되기 위해 노력하는 것을 삶의 중요한 미션으로 삼았다. 실제로 그는 매우 적극적으로 멘토링에 참여하고 있다. 후배 설계사들을 위한 활발한 스터디 그룹 활동은 2020년 MetLife MDRT DAY에 이어 한국 MDRT 협회의 MDRT DAY에서도 강연을 통해 소개되었을 정도로 유명하다.

앞으로의 계획이 궁금합니다.

계획이라기보다는 은퇴할 때까지 어떠한 모습으로 살아갈까에 관심이 많습니다. '이 일을 끝냈을 때의 내 모습은 어떠할까? 나는 만족할까? 나를 응원하고 사랑해줬던 사람들에게 여전히 신뢰받는 사람일까?'에 대해 늘 생각합니다. 제가 자주 받는 질문 중 하나는 '어떻게 하면 그토록 의지를 갖고 하나의 일에 집중할 수 있느냐'입니다. 아이가 셋이다 보니 저도 온전히 일에만 집중하기 어려웠던 때가 있었어요. 하지만 아이들의 편지나 과제물에서 '엄마는 친절한 사람이다' '모든 것을 해낼 수 있는 엄마다' '엄마가 참 편하다' '멋져 보인다' 등과 같은 표현을 접할 때 형언 못할 감사함을 느꼈어요. 아이들에게 인정받는다는 것은 다른 사람에게 인정받는 것을 넘어서는 어떤 전율이 있습니다. 남편과 저의 형제자매로부터 인정받을 때 역시 큰 감동이 있습니다. 이러한 것들이 모여 제가 힘을 낼 수밖에 없는 환경을 만들어주었지요. 그러니까 자기 의지뿐만 아니라 필요하다면 자신을 도와줄 수 있는 사람들의 의지까지 끌어모아서 집중해야 합니다. 그래야 중력의 한계를 벗어나 목표한 궤도에 자리 잡을 수 있습니다. 이렇듯 나를 응원해주고 사랑해주는 이들에게 인정받고 '멋지다'라는 말을 듣는 것, 그리고 은퇴할 때 고객과 동료들로부터 '함께해서 행복했다'라는 말을 듣는 것이 저의 계획이자 소망입니다.

JYP의 창업자인 박진영 씨가 "우리는 누구나 죽음을 향해 걸어가고 있다"는 이야기를 한 적이 있어요. 그렇다면 우리는 죽기 위해 사는 걸까요? 저는 박진영 씨가 죽음을 통해 삶을 역설적으로 강조했다고 생각합니다. 누군가는 그의 이야기에서 삶의 허무함을 느끼겠지만, 누군가는 한 번뿐인 인생이기에 더 많이 웃고, 더 당당하게, 더 부끄럽지 않게 살아야겠다고 생각할 거예요. 가족 혹은 친구, 직장 동료들과 함께하는 밥 한 끼, 식탁 위의 대화 하나하나를 소중하게 여기게 되겠죠. 저도 같은 마음, 그러니까 소중한 가족을 위해 식탁을 차리는 사람의 마음으로 일할 겁니다. 누군가에게 도움이 되는 사람으로 남기 위해 한 발 한 발 걸어갈 거예요. 그 길에서 한 명의 마음이라도 움직일 수 있다면 된다는 생각으로요. 꾸준함을 이길 수 있는 건 없으니까요.

남수경의 관계

국가수리과학연구소를 이끈 바 있으며, 아주대 총장을 역임한 박형주 박사는 미래 사회를 '연결의 시대'라고 내다보며, 미래의 인재는 '연결 지성'을 갖춘 사람이라고 설명한 바 있다. 아무런 관련이 없어 보이는 분야나 사람을 연결해 난관을 돌파하고 문제를 해결하는 능력을 갖춘 사람이 주목받는다는 의미다. 그런가 하면 미국의 비즈니스 인맥 관리 전문가인 미셸 레더먼은 저

최명옥의

연결

서 『아는 사람의 힘』을 통해 초연결 시대로 불리는 요즘, 진정한 인맥의 핵심은 '연결'에 있다고 설파했다. 서로 다른 분야의 사람을 연결하는 커넥터(connector)가 되어야만 탄탄한 파트너십을 쌓고 서로의 단점을 보완하며 윈윈(win-win)할 수 있다는 것이다.

최명옥

전업주부로 집안 살림만 살피다가 2000년 보험영업에 입문해 첫 달부터 지점 내 실적 1등을 도맡다시피 했다. 전 세계보험인의 명예의 전당 MDRT의 종신회원이며 기본 자격의 3배 이상을 달성했을 때 주어지는 COT 멤버이다. 활동 지역인경북 포항에서 사람과 사람을 잇는 연결의 아이콘이자 롱런의 대명사로 통한다.

"저는 고객과 고객을 연결하는 일을 잘했어요. 사실 사람과 사람을 연결하는 게 쉽지만은 않습니다. 왜냐하면 기본적으로 양쪽 모두와 저 사이에 쌍방 간의 신뢰가 형성되어 있어야 하고, 양측이 서로에게 필요한 조건을 충분히 갖추었는가도 따져봐야 하죠. 자칫 어느 한쪽 혹은 양쪽 모두와의 관계에 스크래치가 생기는 위험부담도 감수해야 하니 용기 또한 필요한 일입니다."

보험영업 이전과 이후의 삶으로 나누었을 때, 변화가 있었나요?

많은 게 달라졌지만 가장 큰 변화는 '나'예요. 전업주부로 살 때 복종형이었다면, 보험영업 이후에는 리더형으로 바뀌었죠.

말 그대로 변화한 걸까요? 아니면 잠재되어 있던 리더십이 보험설계사라는 직업을 통해 드러난 걸까요?

보험설계사는 제가 태어나 가진 첫 번째 직업이에요. 이전에는 줄곧 주부로만 살았는데, 남편 말을 따르는 데 익숙해져서 스스로 복종형이라고만 생각했어요. 그런데 보험설계사 면접을 보고 40명 가까이 모여 교육받는 자리에서 담당 팀장이 신입 보험설계사 대표이자 가장 영업을 잘할 사람으로 저를 뽑는 게 아니겠어요. 실제로 보험영업을 시작하고 첫 달부터 지점에서 실적 1등을 하기 시작했는데, 그제야 학창 시절에 친구들을 리드하고 앞에 나서길 좋아했던 제 모습이 떠올랐죠.

리더형 설계사의 보험영업은 어떤 점에서 다릅니까?

대부분의 보험설계사가 그렇듯이 저도 처음엔 지인 시장을 공략했어요. 포항에서 오래 살며 친분을 맺은 지인들 덕에 첫 달부터 기대 이상의 실적을 거둘 수 있었죠. 그런데 두 달 정도 지날 무렵 이 일

고수의 언어

을 오래 잘하려면 지인 시장을 끊어야겠다는 판단이 들었습니다. 보험영업 이전부터 끈끈한 신뢰가 있었기에 계약하는 건 어렵지 않았지만, 계약 이후에 옵션처럼 따라붙는 크고 작은 요구들에서 오는 피로감 때문이었죠. 그때만 해도 운전하는 여자들이 흔하지 않다 보니 병원에 데려다 달라는 연락이 오기도 하고, 오는 길에 뭘 사다 달라는 자잘한 심부름도 잦았어요. 그렇게 끌려다니면 정작 영업에 신경 쓸 시간도 마음의 여유도 없겠더라고요. 그래서 조금 편하게 일할 수도 있는 지인 시장 영업을 중단하기로 결단을 내리고, 살던 지역인 포항 외곽에서 벗어나 연고도 지인도 없는 포항 시내로 나와 개척영업을 시작했습니다.

·············· 단적인 일화지만 예전에 몸담았던 지점의 지점장은 마감일이 다가오면 지점 안에서 최명옥의 목소리만 쩌렁쩌렁 울린다고 말하곤 했단다. 보험료 입금이 안 되면 모두 전화기를 붙잡고 고객에게 아쉬운 목소리로 사정하는 반면, 그는 '왜 입금하지 않느냐'며 큰소리를 낸다는 것이었다. 그러면 고객이 미안해하며 곧바로 입금하곤 했는데, 그 모습이 지점 안에서는 매우 생경하게 받아들여졌다. 그때 최명옥의 말과 행동에는 분명한 이유가 있었다. "사실 보험계약 시 충분한 상담과 설명을 통해 고객이 납득해서

가입했고, 청약하는 순간 약속이 성립된 건데, 약속을 제대로 지키지 않는 사람이 미안해하는 게 당연하지 않습니까." 그런데도 모든 상황에서 보험설계사가 미안해하고 목소리를 낮추는 게 이해되지 않았다는 그는 평상시 고객을 왕으로 대하되 보험에 관한 한 주도적으로 고객을 이끌어야 한다고 생각했고, 실제로 그렇게 했다.

계약이 더 나올 수 있는 지인 시장을 스스로 단념하고, 개척영업으로 방향을 전환하는 게 쉽지만은 않은 결정이었을 텐데요. 나름의 전략이 있으셨나요?

다행히 제가 보험영업을 시작한 2000년도에는 포항 경기가 상승세였어요. 그래서 개척 대상을 병원이나 사업장 같은 고소득군으로 정했죠. 처음 시작할 때는 매일 스포츠 신문을 20부씩 사서 하루에 20곳을 돌았어요. 처음부터 저는 병원장 미팅을 통해, 병원이 필요로 하는 게 무엇인지 정확히 파악하는 게 중요하다고 생각했어요. 병원이나 사업장은 계산이 정확한 곳입니다. 어떤 일을 결정할 때 자신에게 돌아올 결괏값이 매우 중요하게 작용하죠. 그러니 일단은 병원의 니즈를 확실하게 읽고 이를 충족시키는 데 집중했습니다. 지금도 마찬가지지만 당시 병원의 니즈는 결국 병원 홍보를 통해 많은 환자를 확보하는 거였어요. 그래서 그때껏 제가 쌓은 인적 네트워크를 적극적으로 가동했죠. 피부과 병원이라면 지인들에게 일일이 전화해 피부 관리를 받도록 홍보해서 병원을 찾는 사람을 대폭 늘려주고, 내과 등 다른 진료 과목의 병원은 사업장을 운영하는 고객을 활용해 건강 검진 등을 받을 수 있도록 홍보 대사 역할을 자처했어요. 처음에 반신반의했던 병원 측 반응이 달라지는 건 당연했고, 주변에 입소문까지 나면서 영업에 탄력이 붙기 시작했습니다.

중간에서 다리 역할을 하는 데 따른 위험부담은 없었나요?

초창기부터 저는 고객과 고객을 연결하는 일을 잘했어요. 사실 사람과 사람을 연결하는 게 쉽지만은 않습니다. 왜냐하면 기본적으로 양쪽 모두와 저 사이에 쌍방 간의 신뢰가 형성되어 있어야 하고, 양측이 서로에게 필요한 조건을 충분히 갖추었는가도 따져봐야 하죠. 자칫 어느 한쪽 혹은 양쪽 모두와의 관계에 스크래치가 생기는 위험부담도 감수해야 하니 용기 또한 필요한 일입니다. 다행히 저는 고객의 니즈를 맞닥뜨렸을 때 도움을 줄 만한 인적 네트워크가 매우 빠르게 작동하는 사람이에요. 이런 점이 제 영업의 저변을 넓히는 바탕이 되었다고 할 수 있어요. 지금도 청약서에 사인하는 순간부터 어떻게 하면 고객의 성공을 도울 수 있을까에 온 신경과 노력을 쏟아붓습니다. 그래야 고객과의 관계가 오래갈 수 있어요. 고객의 성장이 결국 제 영업에도 영향을 미치거든요. 저에 대한 고객의 신뢰가 굳건해지면, 이는 고스란히 추가 계약이나 소개로 이어지게 마련이니까요.

·············· 고객과 고객 사이에서 든든한 연결 고리 역할을 하면서 개척영업에 성공했다는 최명옥. 연고도 지인도 없는 곳에서 보험영업을 시작한 그는 고객의 추가 계약과 소개 덕분에 머지않아 전성기를 맞는다. 어느 날은 말 그대로 계약이 '터져서' 하루에 청약서를 다 쓸 수도 없을 정도인 17건을 체결하기도 했다.

특별히 기억에 남는 고객이 있습니까?

20년이 넘는 보험영업의 시간을 쭉 되돌려보면 유독 의미가 남다른 시기가 있습니다. 제 보험영업의 역사에서 전환기나 도약기쯤 될 2006, 2007년 무렵인데요. 당시 포항의 경기가 매우 좋았어요. 특히 철강이 호재였는데, 운 좋게도 포스코 계열사의 상무님을 고객으로 소개받았어요. 은퇴를 앞두고 노후 설계에 대한 니즈로 은행 PB를 찾고 있다가 저를 만난 거였죠. 포항은 매우 보수적인 지역입니다. 자산 관리는 곧 은행이라는 공식이 암묵적으로 깔려 있었어요. 그때는 훨씬 더했습니다. 다행이라면 당시는 메트라이프생명에서 재무설계 교육이 활발하게 이뤄지던 시기라는 점입니다. 학교 다닐 때부터 하라는 숙제는 꼭 해갔던 터라 교육을 성실하게 받았고, 그런 덕분에 재무설계에 대한 자신감으로 꽉 차 있었어요. 그간의 배움을 바탕으로, 경제 활동 시기가 얼마 남지 않은 만큼 단기 자금은 증권사 펀드 등에 넣고, 전체 자산의 20퍼센트만 노후 자금용으로 실버 플랜 저축성 보험상품에 가입하는 설계를 제시했더니 매우 만족해하셨어요. 보험설계사지만 제 욕심을 앞세우지 않고 고객의 상황과 니즈에 맞게 합리적으로 설계해드린 결과였죠. 당시 계약에 성공하면서 보험영업의 큰 산 하나를 넘는 기분이었어요. 심혈을 기울여 최선을 다한 설계를 인정받고 나니 그다음부터는 영업에 좀 더 자신감이 생기더군요. 무엇보다 철강 분야에 오래 몸담으신 분인 데다 인맥이 넓어 그때부터 지금까지 이 고객의 소개로만 손에 꼽을 수 없을 정도의 계약을 체결했습니다. 덕분에 이전에는 엄두도 내지 못했던 법인영업에 도전장을 낼 수 있었죠.

재무설계는 기본이고 그만큼 상담에서 고객을 사로잡는 힘이 있다는 의미일 텐데요. 비결이 무엇입니까?

경험해본 바에 의하면 고객 니즈에 맞는 재무설계로 전문성을 발휘하는 것도 중요하지만, 그보다 마음을 얻는 게 우선되어야 해요. 저도 처음에는 고객 상담을 앞두고 전문적으로 보이기 위해 열심히 공부하고 준비하는 데 최선을 다했어요. 그런데 정작 첫 만남에서는 이러한 준비가 그다지 쓸모가 없더군요. 아직 고객이 느끼는 어려움이

나 니즈를 정확히 파악하기 전이다 보니 제가 준비한 지식과 정보가 고객의 니즈와 제대로 포개지지 않았습니다. 그래서 보험설계사로서 전문성을 보여주는 건 다음으로 미뤄두고 일단은 마음을 얻는 데 집중했죠. 고객의 마음을 얻어야 다음 미팅에서 제 이야기에 귀 기울여 준다는 걸 깨달은 겁니다.

사람 마음을 얻는 것이야말로 쉽지 않은 일일 텐데요. 고객의 마음을 얻는 비결이 있나요?

경청의 자세를 가져야 합니다. 특히 첫 만남에서는 고객의 이야기를 잘 듣는 게 무엇보다 중요해요. 보험영업을 하면 다들 고객의 이야기를 잘 듣는다고 생각하기 쉬운데 사실은 그렇지 않습니다. 잘 듣지 않는 보험설계사들이 의외로 참 많아요. 고객이 말하면 곧바로 그와 연관된 자기 이야기를 늘어놓기 시작한다거나 다음에 본인이 할 말을 생각하느라 듣는 척만 하는 사람들이 적잖습니다. 상담하다 보면 "최명옥 씨는 다른 설계사들과 달라"라는 말을 자주 듣는데, 저는 "고객의 말을 잘 듣는다"는 의미로 해석해요. 잘 들어야 고객이 정말 가려워하는 부분이 무엇인지 알 수 있어요. 다음 미팅 준비의 포인트가 무엇인지도 이때 결정되죠.

계약 과정에서 꼭 지키려고 하는 자신만의 원칙이 있습니까?

병원장이나 사업체 대표들을 주로 상담하다 보니 고객들이 대부분 남자예요. 상담과 클로징 전 단계까지는 고객과 진행하지만, 계약은 배우자가 동석한 자리에서 체결하려고 노력해요. 만약 계약까지 남자 고객과 이뤄졌다면 증권은 반드시 배우자도 있는 자리에서 전달하려고 애쓰죠. 이를 위해 보통 마지막 단계에서는 고객 자택을 방문하거나 바깥에서의 식사를 제안하는데요. 이렇게 하면 배우자가 존중받았다고 느끼게 되어 계약이 오래 유지될 수 있어요. 보험설계사에 대한 신뢰가 단단해지면서 배우자에게서 소개가 나오는 경우도 흔하고요.

다양한 고객층을 만나고 연결까지 하려면, 그만큼 평정심을 갖기 위한 마인드 컨트롤이나 자기관리가 필요할 것 같습니다.

제가 지금껏 필드에서 롱런할 수 있었던 건 '정도 영업'을 해온 덕분이라고 자부해요. 주변 보험설계사들의 영업 방식을 무턱대고 따라 하지 않고, 좀 더 쉽게 실적을 쌓는 방법을 기웃대지 않으려고 부단히 애쓰며 지금까지 왔습니다. 이를 위해 예전에는 자고 일어나 한 시간 정도는 가만히 생각하는 데 집중했어요. 하루를 본격적으로 시작하기 전에 차분히 마음을 정돈하고 오늘의 계획을 점검하는 혼자만의 시간을 가졌죠. 그날의 영업 지도는 그 시간에 그려졌다고 해도 과언이 아닌데요. 그때 마음속으로 세운 계획대로 일과를 진행하면

90퍼센트 이상 계약으로 이어졌어요. 신기한 경험이었죠. 아마도 절박함이 있었기에 가능했던 몰입의 시간이 아니었나 생각합니다.

요즘에는 매일 6시 10분에 집에서 나와 지점 아래에 있는 피트니스센터로 가요. 그곳에서 운동하며 나 자신과의 치열한 싸움 후 한결 개운해진 상태로 하루를 열어요. 이 루틴도 어느새 8년이 되었네요.

20년 넘게 보험영업을 해온 입장에서 이 직업의 매력은 무엇이라고 생각하세요?

누가 보험설계사라는 직업에 관해 묻는다면, '멋진' 직업이라는 말이 가장 먼저 떠올라요. 지금도 보험설계사는 여전히 멋진 직업입니다. 저와 우리 가족만을 위하는 일이 아니라 고객의 성장까지 돕는 일이기 때문이에요. 매년 도전할 목표가 있다는 것도 설레고요. 물론 고객의 사정으로 계약이 더 이상 유지되지 않을 때는 그 타격감으로 감당하기 어려운 슬럼프와 번아웃에 시달리기도 합니다. 그만큼 제 삶에서 보험영업이 차지하는 비중이 크다는 의미겠지요. 사실 제 생활에서 보험영업을 빼면 남는 게 별로 없어요. 매일 하는 운동과 주말 라운딩도 모두 결국은 보험영업을 위한 자기관리와 고객관리 차원에서 하는 것이니까요. 제가 온전히 놀기만 하는 걸 정말 못 해요. 가끔 친구들 모임에도 나가지만 그곳에서 친구들이 수다를 떨 때 저 혼자 딴청 부리는 일이 잦아요. 그러면 친구들이 핀잔을 줍니다. "명옥이는 보험 애기할 때만 눈이 반짝반짝 빛난다니까." 그러니 보험영업을 해야죠. 보험영업 때문에 울 때도 많지만, 보험영업을 할 때 가장 많이 웃습니다.

'책임감'은 맡아서 해야 할 임무나 의무를 중요하게 여기는 마음이며, 자신이 행사하는 모든 행동의 결과를 부담하는 것을 뜻한다. 어떤 자리에 오르는 사람의 각오를 드러낼 때 자주 동원되는 이 단어는 사회 각 방면에서 성공한 이들의 공통점을 추렸을 때 빠지지 않는 덕목이기도 하다. 책임감 관련 명언을 제조한 장본인이기도 한, 책임 정치로 유명한 미국의 33대 대통령 해리 트루

김용식의

책임감

먼은 '모든 책임은 내가 진다'라는 말을 남겼다. 세계적인 각종
위기의 원인은 '책임지지 않는 인간들'에 있다며 책임을 강조한
'블랙 스완'의 이론가이자 미국의 경영학자 나심 탈레브는 자신
의 저서 『스킨 인 더 게임 Skin in the Game』을 통해 이렇게 말했다.
'책임을 안고 현실에 참여하라.'

김용식

오랜 기간 대기업 계열의 패션 회사에서 근무했으며 소비자
트렌드 및 고객 서비스와 관련한 경험을 살려 2005년 보험
업에 입문했다. 보험업에 몸담은 19년 동안 빠짐없이 전 세
계 보험인의 명예의 전당이라 불리는 MDRT를 달성했으며,
2020년에는 메트라이프생명 MDRT 회장을 역임할 만큼 책
임감과 리더십을 갖췄다.

"의류는 한번 결제하고 상품을 받아서 잘 쓰면 그것으로 끝나는 일회성에 가까운 성격이지만 보험은 그렇지 않습니다. 계속 관리해나가면서 고객과 관계를 이어가야 하는 장기적인, 일종의 '건축 설계' 같은 것이죠. 그러니 제대로 된 보험설계사는 '설계'란 단어에서 '관계의 책임감'을 느껴야 한다고 봅니다."

김용식의 책임감

패션계에 오래 적을 두셨다고 들었습니다.

삼성그룹의 패션 계열사에서 브랜드 영업 MD를 맡았었고, 패션 기업 LNF에서는 지점장으로 근무했습니다.

………………… 그가 근무했던 회사는 대기업 계열사로 우리나라 사람들에게 매우 잘 알려진 회사. 패션에는 문외한이라 해도 이 회사를 모르는 사람은 거의 없다. 말하자면 그는 대기업 직원이었고, 오랫동안 대기업 직원으로서 패션업계에서 경력을 쌓아온 것이다. 그런 그가 갑자기 자신의 커리어를 내려놓고, 새롭게 보험업을 시작한 것은 이변에 가까운 일이었다.

당시 제가 속했던 회사에는 일부 연공 서열 형식의 평가가 있었습니다. 그래서 특진을 두 번 하긴 했지만, 선배에게 인사 고과를 양보해야 하는 상황이 생겼죠. 당연히 이런 인사 평가 방식과 회사에 실망했습니다. 금전적 보상 역시 일한 만큼 돌아오는 것이 아니라, 정해진 샐러리에 가로막혀 있었습니다. 답답했죠. 그러던 차에 2005년 1월, 먼저 보험금융을 시작한 선배가 저에게 같이 해보자는 제안을 했습니다. 처음에는 보험으로 돈을 벌 수 있다는 것이 믿기지 않았죠. 하지만 선배의 계속된 설득이 있었기에 한 달간 퇴근 후 보험회사 사무실에 매일 찾아가서 선배가 말한 것이 사실인지를 눈으로 확인해보았습니다. 거기서 여러 보험설계사를 만났는데 한마디로 '대단한' 분들이었습니다. 저도 뭔가 해보고 싶다는 마음이 꿈틀하더군요.

보험업으로 옮긴 후에는 체계나 방향성에서 어긋난다고 느낀 적이 없었나요?

보험 일을 시작하기로 마음먹고 교육 프로그램 과정에 참여했을 때였어요. 교육 프로그램은 괜찮았지만, 당시 교육 강사에게 문제점이 발견되었어요. 아무리 강사라지만 반말을 사용하는가 하면, 전달하는 방식도 납득이 가지 않아 강사에게 제 의견을 피력했죠.

그냥 모른 척하고 넘어갈 수도 있었을 텐데 짚어준 이유가 있을까요?

저는 '잘 모르는 것'보다 더 위험한 것이 '어설프게 잘못 배우는 것'이라고 생각합니다. 그리고 저는 말의 내용도 중요하지만 그걸 어떻게 전달하느냐를 정말 중요하게 생각합니다. 어떤 단어로 어떻게 표현하느냐에 따라서 사람마다 받아들이는 것은 천차만별이라고 봅니다. 그래서 영업력이란 사실 어휘력에서 비롯된다는 겁니다. 보험설계사란 단어만 봐도 그렇습니다. '설계'에 방점이 있죠. 말 한마디 한마디가 약속과 약속으로 이어지는 설계입니다. 그러니 그 강사가 보험 초보자들을 가르치는 나름의 경력자라 할지라도, 언어 사용에 더 신중할 필요가 있다고 생각했던 거죠.

보험설계사란 단어는 '설계'에 방점이 찍힌다고 하셨는데요. 보험에서 설계란 어떤 의미가 있을까요?

요즘 사람들에게 영업과 관련해 '설계'라는 단어를 꺼내면, 혹자는 '누군가를 현혹하고 속이기 위한 마케팅'을 먼저 떠올릴지 모릅니다. 하지만 영업에서의 설계란 상품을 구매하려는 고객에 대한 무언의 배려입니다. 가령 어느 옷 가게에 들어갔을 때 옷이 눈에 잘 보이고, 편하게 쇼핑했다면 그건 절대 우연이 아닙니다. 고객들의 쇼핑 동선을 고려한, 보이지 않는 많은 설계가 들어간 덕분이죠. 보험설계도 다르지 않다고 생각합니다. 다만 의류는 한번 결제하고 상품을 받아서 잘 쓰면 그것으로 끝나는 일회성에 가까운 성격이지만 보험은 그렇지 않습니다. 계속 관리해나가면서 고객과 관계를 이어가야 하는 장기적인, 일종의 '건축 설계' 같은 것이죠. 그러니 제대로 된 보험설계사는 '설계'란 단어에서 '관계의 책임감'을 느껴야 한다고 봅니다.

'관계의 책임감'이란 말이 묵직하게 다가옵니다. 이 말에 무게를 싣게 된 계기가 있었나요?

제가 했던 첫 계약은 친구가 소개해준, 넉넉지 못한 형편의 목사

님과 체결한 아주 적은 금액의 어린이보험 세 건이었습니다. 솔직히 말해 '아주 큰 금전적인 성공'을 바라보며 보험 일을 시작한 만큼 '정말 작은 계약'이라 약간은 실망했죠. 하지만 문득 이런 생각이 들었어요. '나에게는 아주 적은 금액이지만 이분에게는 분명 부담이 될 수 있는 돈일 거야. 그런데도 아이들을 사랑하기에 이런 책임감을 짊어지려는 것이겠지. 그렇게 보면 이 금액은 정말 큰 것이 아닐까?' 잠시 금전적 성공에 눈이 멀었던 저 자신이 부끄럽더군요. 이를 계기로 큰 책임감을 느끼고 계약을 진행했고 관리했습니다. 그리고 그때의 깨달음은 이후 만나는 새로운 고객들에게 이어졌습니다.

보험업에 입문한 지 올해로 19년이 되셨습니다. 롱런의 비결은 무엇입니까?

결혼을 약속한 선남선녀가 자신들의 사랑을 수치로 따져 100퍼센트라고 말한다면, 결혼 생활을 영위하면서 얼마나 더 키워나갈 수 있을까요? 평생 해로한 부부들은 100퍼센트에서 사랑을 더 키워 200퍼센트가 되었을까요? 그렇지 않습니다. 결혼을 앞둔 남녀가 말하는 100퍼센트는 지금까지 살아온 자신들의 인생을 기준으로 했을 때 그런 것입니다. 앞으로 평생을 살아갈 것을 고려하면 1퍼센트라고 봐야겠죠. 이제부터 시작이라는 겁니다. 나머지 99퍼센트는 살면서 채워나가야 해요. 보험 일도 마찬가지 아닐까요? 저도 처음 설계사 일을 시작할 때는 정말 열정적으로 할 수 있다고 생각했고, 또 그렇게 했습니다. 하지만 지금과 비교하면 참으로 부족했습니다. 열정은 컸지만 내용 면에서는 그만큼 채우지 못했습니다. 하지만 부족하다는 사실을 인정하고 나니 계속해서 1퍼센트씩만 더 성장하면 된다는 생각이 들더군요. 누군가를 만나고 상담을 통해 그 사람을 제 고객으로 만드는 일도 마찬가지입니다. 고객이 되는 순간 모든 것이 끝난 게 아니라 그때부터 고객과의 관계는 1퍼센트에서 100퍼센트를 향해 가는 것입니다. 고객 서비스 또한 그렇게 성장해가는 것이라고 봅니다. 상위 1퍼센트라는 허상에 사로잡히지 말고 나의 가치를 단 한 사람에게라도 1퍼센트 높이는 걸 목표로 뛰십시오. 그게 제가 생각하는 롱런입니다.

롱런하는 동안 슬럼프는 없으셨나요?

처음엔 많이 무리했습니다. 3개월 만에 MDRT 가입 기준을 달성했을 만큼 숨 가쁘게 목표를 향해 달리고 나니 자연스럽게 슬럼프가 찾아오더군요. 그사이 저를 보험업계로 이끈 선배는 보험 일을 그만두었지요. 그러던 차에 2006년 6월 미국 샌디에이고에서 있었던 MDRT 연차 총회 참석은 저에게 새로운 도전의 계기를 만들어주었습니다. 보험영업에서 실적으로 20위 안에 드는 사람들과 함께한 자리였죠. 정말이지 놀라운 사람들이었어요. 그들과 이야기를 나누면서 일을 계속할 원동력을 얻었습니다. 하지만 이듬해인 2007년 12월 결정적인 고비가 찾아왔어요. 아내가 큰 병에 걸린 걸 알았죠. 암이었습니다.

가장 가까운 이의 암 진단을 처음 알았을 때 어떤 심정이셨나요?

아무리 유능한 외과 의사도 자기 가족의 수술은 직접 집도하지 못한다는 말을 들은 적이 있습니다. 보험회사 직원도 마찬가지일 겁니다. 아무리 보험을 잘 들어두었다고 해도 내 아내가 당사자일 때 '보험 있으니 다행이네'라고 생각할 수 있는 사람은 없을 겁니다. 아내에게서 전화를 받고 난 뒤에 오랫동안 갖고 싶었던 차가 정말 꼴도 보기 싫어지더군요. 보험설계사가 아니라 가입자 관점에서 보험의 의미를 다시 생각해보게 만드는 계기가 된 것 같습니다.

치료와 회복은 잘되셨지요?

다행히 아내는 치료를 잘 받으면서 몸을 회복했습니다. 그리고 그 과정에서 어떻게든 내가 정신을 차리지 않으면 안 되겠다는 생각이 들면서 슬럼프도 자연스럽게 멀어졌고요. 그런 걸 생각하고 있을 시간이 없었으니까요. 한편으론 당시 혼자 남는다는 것이 무엇인지 절실히 깨달았습니다.

사실 저도 2012년 12월 건강검진에서 갑상샘암 진단을 받았습니다. 림프 전이까지 동반한, 예상보다 심각한 상황이었죠. 그런데 2013년 2월 청년들과 함께 네팔에서의 봉사활동이 예정되어 있었습니다. 고민 끝에 수술을 미루고 다녀오기로 결정했어요. 질병에 대한 두려움보다는 담담하게 일상을 살아가겠다는 마음이 더 컸던 거죠. 의사 선생님도 많이 놀라시더군요. 그렇게 10일간의 봉사활동을 마치고 돌아와 수술을 성공적으로 마쳤습니다. 현재 아내나 저는 건강하게 잘 지내고 있습니다.

보험업을 시작하려는 이들에게 해주고 싶은 조언이 있나요?

어려움을 있는 그대로 받아들이지 말라고 조언하고 싶어요. 어려움은 그걸 이겨낸 사람에게 성숙의 기회를 제공합니다. 마치 와인처럼 말입니다. 예전에 스페인 여행 중 방문하게 된 와이너리에서 크게 깨달은 게 있습니다. 그 와이너리에는 매년 1억 5,000만 병의 와인이 저장된다고 합니다. 그중 적잖은 양의 와인은 불량으로 폐기되고, 제대로 숙성 과정을 거친 와인만 상품 가치를 입증하는 새로운 라벨과 더불어 동굴 밖으로 나오게 되죠. 우리의 인생도 마찬가지라고 봅니다. 인생의 어느 단계에서 아무것도 보이지 않는 깜깜한 동굴 속에 갇힌다 해도 그곳이 곧바로 무덤이 되는 게 아닙니다. 와인이 숙성하기 위해 깊은 어둠과 오랜 시간이 필요하듯, 우리 인생도 그렇습니다. 그러니 쉽게 포기하지 않았으면 합니다.

고수의 언어

.... 그가 들려준 와인 이야기에서 '떼루아(terroir)'라는 단어가 떠올랐다. 떼루아라는 말은 원래는 '토양'이라는 뜻이지만 와인과 관련해서는 '포도에 영향을 미치는 모든 자연환경'을 가리킨다. 포도의 맛은 품종뿐 아니라 포도가 자라는 토양 내에 모래, 진흙, 규산, 칼슘, 석회암 등이 어떻게 섞여 있느냐에 따라 영향을 받는다. 좋은 토양은 위도나 고도 같은 환경이 뒷받침하는 곳에서 탄생한다.

더구나 '와인은 무엇보다 포도가 가장 중요하다'라고 단정할 수도 없다. 포도는 와인의 품질을 결정하는 하나의 요소일 따름이다. '포도가 좋다'고 한들 그것이 곧장 '좋은 와인'으로 이어지는 게 아니다. 오히려 수확 시기를 놓쳐 물러진 포도나 눈을 맞아 살짝 언 포도가 특별한 와인의 재료가 된다. 그래서 유럽에서 생산되는 와인은 포도의 '품종'이 아닌, 가공된 '지역'을 상표명으로 붙인다.

흔히 우리는 손이 닿지 않는 높은 곳에 있는 포도를 가리켜 '신 포도'라고 한다. 애초에 이룰 수 없는 목표에 대해 '저 포도는 맛이 없을 거야'라면서 폄하하고 단념하는 것이다. 그러나 우리는 체념도 하지만 좋은 포도가 매달리기 최적인 곳을 기어이 찾아내는 존재이기도 하다. 심지어 좋은 포도를 만들기 위해 떼루아라는 말을 만들어내고, 포도 생산과 관련된 모든 종류의 변수를 공부하고 탐구한다. 일찍이 이런 일을 현대 과학의 도움 없이 해왔던 사람들이 바로 가톨릭 수도사들이다. 수도사들은 포도밭의 특성을 파악하기 위해 수십 년 동안 흙을 입으로 직접 맛보고 햇빛이 비치는 각도와 강도, 강수량, 일조량, 배수 상태 등을 연구했다. 와인으로 유명한 '로마네 콩티(Romanee-Conti) 포도밭'은 이렇듯 인간의 꿈에 의해 만들어졌다.

2020년 메트라이프생명 MDRT 회장으로서 연설하는 자리에서 김용식은 지난 시간을 돌아보며 '인생에서 만나는 수많은 두려움에 좌절되어 멈추게 된다면 우리에겐 아무런 일도 일어나지 않을 것이다. 그러나 멈추지 않고 비전을 향해 행동한다면 어떠한 결과든 얻을 수 있을 것이다. 실패라면 경험을 얻을 것이고, 성공이라면 더 큰 비전을 향해 갈 수 있다는 가능성과 기회를 얻는 것'이라고 말했다. 그 말로 공감의 박수를 받은 그는 끝으로 꿈에 대해 이렇게 이야기했다. "사람은 나이 들어 죽는 게 아니라 꿈을 포기하는 순간 죽는다고 합니다. 간디학교의 교가 '꿈꾸지 않으면'에 나오는 노랫말처럼 꿈꾸지 않으면 살아 있어도 사는 게 아니라는 걸 항상 기억했으면 합니다."

부상이나 질병으로 아픈 몸과 마음을 원래 상태로 회복하는 일련의 과정이 '치료'다. 과거에는 치료 대상이 질병에 한정되었고 치료 공간이나 치료자 또한 의료 시설과 의료 전문가의 고유 영역이었으나, 치료의 개념이 폭넓어지면서 치료 방법 또한 다양해지고 있다. 음악·미술·원예 치료 등이 그 예로, 주로 정서적인 접근으로 몸과 마음의 이완과 회복을 돕는다. 몇 년 전 신조어로

박지영의

치료

등장한 금융 치료는 돈으로 어떤 고통스러운 상황을 이겨내는 현대인의 모습을 재미있게 표현한 말로, 돈이 동기 부여 요소로 작용해 현재의 상태를 보다 나아지게 할 때 쓰인다. 흔한 예로, 힘든 하루를 보낸 자신에게 셀프 선물을 하거나 퇴사를 고민하던 중 기대치 않은 갑작스러운 성과급을 받게 되어 다시금 일할 마음이 생긴 상황을 빗대 '금융 치료가 되었다'라고 표현한다.

박지영

성악을 전공하고 음악 치료사를 꿈꾸었지만, 2014년 9월 보험업에 입문한 이후에는 음악이 아닌 금융으로 고객의 삶을 치료하고 있다. 특유의 성실함으로 꾸준히 영업 실적이 향상해 우상향 성장의 본보기로 통한다. 나누는 성공을 지향하는 그는 2018년도부터 사내 강사 활동을 통해 평소 소신처럼 생각하는 멘토링의 힘을 실천하고 있다.

"음악 치료사에 대한 꿈은 접었지만, 이렇게 보험업을 통해 많은 분의 말 못 할 사연들을 경청하고 상담하면서 마음을 나누고 경제적 위험을 덜어드리는 금융 치료를 하고 있으니 '이것으로 충분하다'고 생각해요."

원래는 음악을 하셨다고요?

성악을 전공한 후 학생들을 지도하는 음악 강사로 일한 적도 있고, 지휘와 장애인 봉사를 하며 합창단 소속으로 활동한 적도 있어요. 성악은 몸이 곧 악기여서, 자기관리가 철저해야 합니다. 예를 들어 감정 소모로 성대가 예민해지면 곤란해요. 울고 싶을 때도 목 컨디션 때문에 맘 놓고 울 수가 없었지요. 성대를 자극하는 매운 음식은 멀리하고, 다음 날 컨디션을 위해 매일 밤 10시 이전에는 잠자리에 들어야 했어요. 자기관리가 힘든 일이지만 타고난 목소리에 좋은 감성을 지녔다는 교수님의 인정과 음악에 대한 저의 열정이 보태져 악보 위의 음표밖에 모르고 살았던 시절이었어요.

음악을 하시다 커리어를 전환한 이유가 궁금합니다.

성악을 하고 있었지만 제가 꿈꾸었던 건 음악 치료사였어요. 정신과에서 우울증, 자폐증 등을 진단받은 이들의 심리 치료를 음악으로 도와주는 일이죠. 음악 치료사로서 전문성을 갖추려면 대학원 진학과 외국 유학이 필수인데, 가정 형편이 그리 좋지 않았어요. 꿈을 접을 수 없어 한 학기 다니고 휴학해 등록금을 번 다음 복학하는 방법으로 2년제 대학원을 4년 만에 수료했어요. 필요한 과정과 연주를 위한 공부를 해야 하는데 개인 레슨 비용이 부담스러워 배가 아프다는 핑

계 아닌 핑계를 댄 적도 많았죠. 돌아보면 음대 시절부터 온몸으로 느
낀 경제적, 사회적 격차에서 오는 서러움과 아픔이 보험업을 하는 데
는 오히려 많은 도움이 되었어요.

·············· 박지영은 당시를 회상하며 '꿈은 8옥타브를 바라보고 있
는데 현실은 8층 옥탑방'이었다고 했다. 좀처럼 가늠되지
않는 그 격차는 거의 매 순간 꿈을 향해 나아가는 그의 발
걸음에 제동을 걸어왔고, 꿈과 현실 사이의 거리를 좁히
려는 안간힘이 갈등으로 번져 마음을 어지럽히는 일이 잦
았다. 보험업은 꿈에 닿기까지 시시각각으로 감당해야 하
는 현실의 냉혹한 얼굴을 누그러뜨리기 위한 일종의 타협
과도 같았다.

대학원을 마치고 바로 보험업을 시작하셨나요?

그렇지는 않았어요. 스스로 해보자는 마음 하나로 호주에 워킹홀
리데이를 갔어요. 그때 제 나이가 스물아홉이었는데, 결혼 적령기란
이유로 반대하는 부모님을 뒤로하고 음악 치료사가 되기 위한 방법
을 찾고자 떠났죠. 호주에서 어학을 공부하며 한인 마트에서 12시간
씩 일했어요. 저녁은 주로 제과제빵 하는 친구들이 남긴 빵으로 해결
했어요. 시간을 쪼개어, 마약중독자와 암 환자·정신 질환자 등을 돕기

위해 음악 치료사 과정을 공부하는 이들의 스터디 모임를 찾아가 어깨너머로 배웠죠. 그러다 치대에서 공부 중인 남편을 만났는데, 북한과 가까운 중국 지역에서 북한 주민들에게 의료 봉사하는 꿈을 갖고 있었어요. 직업을 통해 봉사하겠다는, 저와 비슷한 비전에 끌려 결혼까지 하게 되었죠. 연애 석 달 만에 결혼했는데, 두 달 만에 아이가 생겨 남편은 학업을 이어가고 저는 육아에 집중했어요. 물론 육아만 할 수 있는 상황이 아니어서 다섯 명의 하숙생을 케어하며 김치 공장에도 나갔죠. 남편 또한 학업과 일을 병행했고요. 그런데 당시 호주의 외국인 정책이 바뀌면서 이전에 갖고 있던 계획을 진행하기가 어려워졌어요. 환율 폭등으로 무섭게 불어난 빚까지 더해져 쫓기듯 귀국할 수밖에 없는 상황에 내몰렸습니다. 그간의 고생이 한순간에 물거품이 되는 느낌이었어요. 그런데 그때 뱃속에는 둘째 아이가 자라고 있었어요.

마음이 많이 복잡했을 것으로 짐작됩니다만.

그때는 당장 살 집조차 없던 막막한 상황이었어요. 그래도 마침 캐나다 이민을 떠나게 된 친척이 교회로 쓰던 반지하 공간을 내주어 그리로 들어가게 되었죠. 외부로부터 막혀만 있을 뿐이지 사람이 살기엔 너무 열악한 환경이었어요. 샤워 시설은 고사하고 따뜻한 물도 나오지 않았어요. 코끝에 늘 퀴퀴한 곰팡내가 머물고, 자는 동안 아이

고수의 언어

얼굴 위로 지네가 떨어지는 일도 있었죠. 바닥에는 민달팽이와 공벌레가 기어 다녔고요.

그때 친구들에게 들었던 말이 지금도 귀에 생생한데, 요컨대 '의사 사모님 된다더니 이게 뭐냐'라는 거였어요. 우울증이 찾아올 수밖에 없었죠. 남편도 마찬가지라서 우울증이 깊어 집 밖으로 아예 나가려 하질 않았어요. 삶이 힘든 이들에게 음악 치료를 하고 의료 봉사를 하기는커녕 저희 부부가 당장 치료받아야 할 상태였죠. 아이는 아이대로 원인 모를 고열에 시달려서 그 집을 벗어날 때까지 1년에 네 번가량 입원과 퇴원을 반복했습니다. 남편은 구직 과정에서 큰 사고를 두 번이나 겪었고, 엎친 데 덮친 격으로 아이를 돌봐주시던 친정엄마가 암 진단을 받으면서 빚 위에 빚을 또 얹는 상황이 발생했죠.

.... 박지영은 그즈음에 보험업을 시작했다. 꿈은 컸지만 불확실한 미래에 대한 대비라곤 조금도 되어 있지 않았던 때, 한 사람의 인생에 어쩌다 하나쯤 매몰되어 있을까 말까 한 지뢰가 한꺼번에 도미노처럼 터지던 시기에, 우울함에 잠식당해가는 정신을 바투 잡고 선택한 일이 보험업이었다. 그때까지 보험 하나 없이 살아왔던 사람이 보험영업을 시작하는 아이러니 속에서 스스로 자신의 보험이 되기로 한 것이다. '결핍은 결점이 아니라 가능성'이라는 고레

에다 히로카즈 감독의 말처럼 사방이 꽉 막혀 있던 삶에 창을 내고, 상처를 하나하나 무늬로 바꾸기 시작했다.

어렵게 시작한 일인 만큼 첫 고객의 의미도 남다르셨겠어요.

보험업을 시작하고도 힘든 살림은 좀처럼 나아질 줄 몰랐어요. 지점까지 출퇴근하는 거리도 멀어 갑자기 예보에 없던 비가 와도 아이에게 우산을 갖다주기 어려웠죠. 첫 고객은 그렇게 비를 맞으며 걷던 제 아이에게 노란 우산을 빌려주신 아이의 친구 어머니셨어요. 감사 인사를 담은 쪽지와 선물을 챙겨 보내드렸는데, 알고 보니 제가 그토록 닿고 싶었던 꿈을 현실로 이루신 분이셨어요. 성악을 전공하고 무대 위에서 활동하고 계셨거든요. 그 일이 인연이 되어 고객 아이의 보험을 리뉴얼해드렸는데, 얼마 후 골절로 아이가 입원하게 되면서 이전보다 저렴한 보험료로 더 많은 혜택을 받으셨죠. 병문안 갔을 때는 같은 병실에 입원한 아이들의 어머니 네 분을 한자리에 모아놓고 저에게 상담할 기회까지 만들어주셨어요. 이들이 자기의 보험을 부러워한다는 말과 함께 그때와 똑같이 설명해달라고 하셨죠. 이뿐만이 아니었어요. 1년 뒤에 더 많은 사람을 소개할 수 있게 오래오래 옆에 있어달라는 말씀도 해주셨어요. 그날 이후 첫 번째 고객은 저의 가장 든든한 지지자가 되었습니다.

일본의 경제학자이자 기업인인 오마이 겐이치는 『지식의 쇠퇴』라는 책을 통해 삶을 바꾸는 세 가지 방법으로 '시간을 다르게 쓰는 것' '몸을 담는 공간을 바꾸는 것' '새로운 사람을 만나는 것'을 제시했지요. 보험업을 하며 이 세 가지를 한꺼번에 바꾸셨는데, 삶이 어떤 변화를 맞았는지 궁금합니다.

우선은 많이 걷고 많은 사람을 만나며 돌아다니다 보니 세상을 바라보는 관점이 바뀌었어요. 그중에서도 부산의 한 구둣방 할아버지와의 만남은 평생 잊을 수 없는 일화를 만들어주었죠. 친정이 부산인데, 근처에 단골 구둣방이 있었어요. 갈 때마다 그곳에서 구두 굽을 갈곤 했죠. 그러다 일곱 번째 구두 굽 수선을 맡겼더니 이렇게 굽을 자주, 많이 가는 사람은 처음 봤다며 "뭐 하는 분이냐?"고 물어보시더군요. 여덟 번째 구두 굽을 갈러 갔을 때는 "웬만하면 하나 새로 사"라고 하셨죠. 빚에 치여 아끼려는 마음도 있었지만, 호주에서 신던 구두라 나름대로 의미가 있어서 버릴 수가 없었어요. 그런 저에게 할아버지는 "이렇게 열심히 사는 사람은 처음 봤네"라고 혼잣말을 하시더니, "명함 하나 놓고 가. 내가 사람들한테 얘기는 해볼게"라고 하셨어요. 신입 시절 그렇게 굽이 닳을 때마다 다니다가 고객층이 어느 정도 늘어나면서 구둣방에 자주 갈 수 없게 되었어요. 그리고 한참의 시간이 흐른 뒤 제가 성장한 모습을 보여드리고 싶어 찾아갔는데, 쉬는 날이었는지 문이 닫혀 있어 감사 쪽지와 선물만 문 앞에 두고 왔어요.

모르는 번호로 전화가 온 건 이틀 후였죠. 구둣방 할아버지의 아들이 할아버지가 돌아가셨는데 전화번호가 있어 연락했다는 거였어요. 그 뒤로 구둣방 할아버지 친구라고 자신을 소개한 고객을 시작으로 기적 같은 일이 연이어 일어났어요. 할아버지의 선물이었죠.

·················· 구둣방 할아버지의 선물은 이후로도 이어져 박지영은 총 일곱 명의 고객을 소개받았다. 할아버지가 보내주신 무지개 같은 고객들이다.

밤마다 간절히 드렸던 기도가, 이보다 더 나쁠 수 없을 것 같던 삶에 하나씩 기적이 되어 돌아오는 것 같았어요. 마침내 2억 원이 넘었던 빚이 다 사라지고 벌레와 곰팡이 없는 집으로 이사를 하게 되었죠. 환경이 바뀌니 아이들이 더 이상 아프지 않았고, 저와 가족의 삶도 치료되기 시작하며 자신감과 용기가 생겼습니다. 이삿날 트럭 이름이 '할렐루야 익스프레스'였어요. 놀랍도록 딱 맞는 이름이었죠!

빚을 다 갚았으니 원래 꾸었던 꿈에 다시 도전하고 싶단 생각이 들었을 법도 합니다만.

신기하게도 전혀 그러고 싶지 않았어요. 고객분들에게 저와 같은 힘든 삶이 반복되지 않도록, 고객과 함께 성장하며 삶을 치료하고픈 열정이 더 확고하고 단단해졌습니다. 사실 이런 마음을 더욱 북돋는 계기가 있었는데, 보험영업 2년 차로 아직 반지하에 살 때였어요. 하루는 어떤 고객이 자기 직원을 한번 만나줄 수 있겠느냐고 묻더라고요. 직원을 만나 정신을 좀 차리게 해달라는 부탁이었죠. 그렇게 만나게 된 그 직원은 처음 본 저에게 이렇게 말했어요. "제 빚을 대신 갚아줄 수 있어요? 아니면 저에게는 미래가 없어요." 그에게 꿈이 무엇이냐고 물었더니 '대기업 다니는 남편의 아내'라고 했어요. 원래 영어 선생님을 꿈꿨지만, 부모님의 반대로 대학 진학이 좌절되면서 꿈과도 멀어졌다는 거였죠. 이야기를 나누어보니 자기 카드로 남자 친구에게 필요한 것들까지 결제하고, 중고차도 샀다고 했어요. 자기 꿈을 잃어버리고 남자 친구를 통해 꿈을 꾸는 모습에 마음이 아팠습니다. 꿈 하나만 믿고 대책 없이 호주로 떠났던 예전의 제가 떠오르기도 했죠. 그날 긴 대화 끝에 설득해 신용카드를 자르고, 빚을 갚는 포트폴리오를 만들었어요. 차도 다시 팔았죠. 다행히 자기 꿈을 되찾아 지금은 호주에서 선생님으로 일하고 있습니다. 제가 꿈을 이루지 못하고 돌아왔던 그 나라에서 꿈을 이룬 그의 모습에, 보험인으로서 큰 기쁨과 보람을 느꼈습니다.

그와 관련한 일화가 또 있는데, 하루는 퇴근길에 파란색 트럭 한 대가 집 앞에 서더니, 노부부가 나와 상자 하나를 내려놓으셨죠. 알고 보니 그 직원의 부모님이셨어요. 그해 처음 수확한 단감을 갖고 오셨다며 몇 번이나 감사 인사를 건네셨죠. 내 새끼 사람 만들어줘서 감사하다고, 제 덕분에 호주에서 꿈을 이루고 부모님께 용돈도 보낼 줄 아는 사람이 되었다고요. 음악 치료사에 대한 꿈은 접었지만, 이렇게 보험업을 통해 많은 분의 말 못 할 사연들을 경청하고 상담하면서 마음을 나누고 경제적 위험을 덜어드리는 금융 치료를 하고 있으니 '이것으로 충분하다'고 생각해요.

.... 음악을 했던 과거의 박지영은 음악으로 자신의 존재를 증명하고 싶었던 게 아니라 세상과의 접점에 음악을 두고 접촉면을 늘려나가고 싶은 사람이었다. 그렇게 더 많은 이들과 닿아 사람들 마음에 진 주름을 다시 편평하게 펴주고 싶었다. 비록 음악으로는 아니지만, 보험을 통해 타인의 삶을 일으켜 세우는 지금의 일로 충분하다고 말할 수 있는 이유다.

'중요한 것은 꺾이지 않는 마음.' 2022 카타르 월드컵에서 9퍼센트의 확률을 뚫고 16강에 진출한 직후 우리 선수들이 들고 있던 태극기에 이 문장이 등장하면서 널리 회자하였다. 처한 상황과 주어진 환경에 상관없이 '할 수 있다'는 자기효능감과 적극적으로 나아가려는 마음·태도를 담은 이 말은 결국 굳은 신념, 즉 확신과 일맥상통한다. 분야를 막론하고 성공한 이들이 입을 모아

'확신'을 삶의 중요한 동력으로 증언하는 이유이기도 하다. 일례로 독일의 유명한 과학 저널리스트 울리히 슈나벨은 저서 『확신은 어떻게 삶을 움직이는가』에서 '확신을 갖고 미래를 그리는 사람은 더 많이 움직이고 더 건강한 음식을 먹으며 그 미래를 현실로 만들기 위한 환경을 조성해나간다'고 말했다.

김민정

2005년에 보험업을 시작해 올해로 19년 차를 맞았다. 공부를 통해 정확하게 습득하고자 노력하며, 이로써 만들어진 자기 확신을 영업의 동력으로 삼는다. 덕분에 꾸준히 좋은 성과를 보여 생명보험협회가 인증하는 우수인증설계사를 14년 연속 이뤄냈다. 전 세계 보험인의 명예의 전당인 MDRT에서 기본 자격의 3배 이상을 해냈을 때 주어지는 COT를 6회째 달성 중이며, 2023년 메트라이프생명 영업 챔피언에 올랐다.

"정확하게 공부하고 이해한 다음 고객에게 최선을 다해 설명해요. 고객을 설득하려면 자기 확신이 있어야 하는데, 저에게 그 방법은 공부를 통해 스스로 정확하게 아는 것이에요. 정확하게 꿰뚫었을 때 비로소 강한 자기 확신과 함께 고객에게 자신 있게 권할 힘을 얻게 됩니다."

김민정의 확신

상장과 트로피가 참 많습니다. 그중에서도 '14년 연속 우수인증설계사'라는 상장이 유독 눈에 들어오는데, 선정 기준이 궁금합니다.

생명보험협회가 매년 선정하는 상인데, 기준이 제법 까다로워요. 보험설계사 등록 기간부터 영업 실적, 유지율* 등을 두루 평가해서 어느 한 부분이라도 미흡하면 자격이 박탈되죠. 그래서 더 의미가 있는 상이고요. 올해로 14년째 연속 인증인 만큼 그동안 성실하게 일해 왔다는 일종의 증표로 삼고 있습니다.

.... '우수인증설계사'는 생명보험협회가 2008년부터 운영해 온 제도로, 보험사 소속 설계사의 전년도 실적과 계약 유지율 등을 종합적으로 평가해 우수한 성적을 올린 설계사에게 주는 일종의 훈장이다. 우수인증설계사로 선정되려면 동일한 생명보험사에 3년 이상 재직하고 보험 계약의 13회·25회 차 유지율이 각각 90퍼센트, 80퍼센트 이상이어야 한다. 불완전판매나 보험업법 위반 기록, 신용 질서 문란 사실이 또한 없어야 하며, 연 소득이 4,000만 원을 넘어야 한다. 요건이 까다로운 만큼 현재 14회 연속 우수

---

* 보험계약의 완전판매도를 나타내는 지표로서 최초 체결된 보험계약이 일정 시간이 경과한 후에도 유지되는 비율

인증을 받은 보험설계사는 128명으로 전체의 0.94퍼센트에 불과하다. 김민정은 2010년부터 2023년까지 연속 14회 우수인증설계사로 선정되었다.

본인만의 비결이 있습니까?

상담이 정확해야 해요. 고객이 '들어주는' 보험이 아니라, 고객이 '필요하다'고 느끼고 자신의 니즈에 의해 계약하게끔 만드는 게 중요해요. 그러자면 마감에 조급해지는 걸 경계해야 합니다.

마감에 쫓기지 않는 영업이 현실적으로 가능합니까?

대부분의 보험설계사는 매달 말일이 다가오면 초예민 상태가 돼요. 엄청 바쁘게 뛰어다니는 시기이기도 하죠. 하지만 저는 오히려 마감 시기를 느슨하게 보냅니다. 저는 일주일에 세 건 이상의 계약을 체결하는 STAR를 350주, 그러니까 7년 넘게 영업 루틴으로 삼고 있어요. 마감의 주기를 한 달이 아니라 한 주 단위로 쪼개서 하는 건데요. 보통 목요일까지 세 건을 채우지 못하면 금·토는 극도의 조바심에 시달리게 됩니다. 계약 건수를 채울 욕심에 고객을 만나 강하게 설득하게 되고 실수를 범하기 쉬워집니다. 그래서 저는 마감 사이클을 앞당겨 가급적 월·화·수 안에 그 주의 STAR를 완료해요. 그런 다음 목·금은 보험금을 청구하거나 여유로운 마음으로 고객을 만나 정확한 분석을 토대로 한 상담을 진행해요. 대부분 이때 만난 고객들과 그다음 주 초에 계약을 체결하게 되는 시스템인 거죠.

·················· 선(先) 순환을 통한 선(善)순환은 김민정이 오래 고수해 온 방식이다. 학창 시절 그는 '놀 거 다 놀고 숙제하기'와 '숙제 먼저 하고 놀기' 중 항상 후자를 선택했다. 해야 할 일부터 먼저 해놓고 나머지 시간을 여유 있게 보내는 것을 습관으로 만들어온 것이다. 심하게 압박받는 상황에 몰리면 아예 손을 놓아버리는 성향이라는 걸 스스로 잘 알기 때문이었다.

지금 같은 시스템이 자리 잡기까지 어려웠던 점은 무엇이었나요?

보험설계사가 되기 전에 4년 정도 보험설계사의 일을 돕는 비서로 일했어요. 보험설계사의 업무는 그 기간에 자연스레 습득했지만, 막상 시작하고 나니 고객과의 상담 약속을 위해 전화를 거는 일이 유독 버겁게 다가왔어요. 고객을 만나 보장 분석을 하고 상담하는 일은 자신 있었지만, 전화로 약속을 잡는 과정이 정말 힘들었습니다. 그러나 시간이 지나면서 고객에게 전화하는 일이 보험영업의 시작이자 마무리라는 자각이 들었어요. 전화 한 통을 미루거나 포기하는 일이 어쩌면 직무 유기일 수도 있다는 생각에 고객에게 전화하는 일 자체에 의미를 부여하고 중요하게 여기게 되었죠.

전화 한 통의 의미를 유독 크게 느끼게 한 계기가 있었나요?

제주 출장 중에 생전 연락하지 않던 고객으로부터 전화가 걸려 왔었어요. 한창 바쁠 시간이라 받기도 전에 불길한 예감부터 들었죠. 아닌 게 아니라 암 진단을 받았다는 내용이었어요. 다행히 예전에 리모델링을 통해 보험을 업그레이드한 경우였죠. 사실 이 고객은 원래 담당했던 보험설계사가 그만두면서 제가 이관받은 분이었어요. 기존 보장 내용을 분석해보니 업그레이드가 필요해서 새로운 담당자로서 인사도 드릴 겸 전화를 했었죠. 그런데 당시 연락이 좀처럼 닿질 않았어요. 이관받은 고객은 고객이 원하지 않으면 직접 대면 없이 관리만 하는 경우가 적잖지만, 저는 만나는 것을 철칙으로 삼았어요. 더욱이 수도권 거주자라면 어떻게든 얼굴을 보고 인사를 나누려고 애썼습니다. 특히나 이 고객은 업그레이드도 필요한 상황이라 꾸준히 연락을 취해 어렵게 만났고, 설득 끝에 보험 업그레이드까지 마칠 수 있었어요. 사실 당시 전화를 몇 번이나 받지 않아 포기하고 싶은 마음도 있었는데, 암 진단을 받았다고 전화가 걸려 왔을 때 가슴을 쓸어내리며 스스로를 칭찬했죠. 새삼 고객에게 거는 전화 한 통도 결코 소홀히 여기면 안 된다는 생각을 했습니다.

김민정의 확신

전화로 상담 약속을 잡을 고객 선정은 어떤 기준으로 합니까?

회사의 시스템을 적극적으로 활용해요. 가령, 계약한 지 1년 된 고객은 시스템에 별도로 표시되고, 회사에서 가입 1년 선물도 제공하거든요. 이런 이벤트 자체가 고객을 만날 용건을 만들어주니까 이를 적극 활용하는 편이에요. 2년, 3년 된 고객들도 표시되는데 이들 중 새로운 특약 등을 적용해 업그레이드할 필요가 있는 이들은 전화 대상 고객으로 분류해놓습니다. 고객과의 상담 내용 역시 시스템에 기반을 두고 준비해요. 회사에서 제공하는 보험증권 분석 프로그램의 내용이 가장 기본적인 자료가 됩니다. 시스템을 통해 도출한 데이터를 근거로 해야 개인적인 의견에 머무르는 일 없이 정확한 설명과 제안을 할 수 있기 때문이에요.

업무와 관련해 '정확성'을 매우 중시한다는 느낌입니다. 정확도를 높이기 위해 데이터 활용 외에도 노력하는 부분이 있을까요?

약관 공부를 정말 열심히 해요. 특히 제가 가장 좋아하는 상품인 '무배당 미리 받는 변액종신보험'은 통째로 외운다고 해도 과언이 아닐 만큼 닳도록 봤습니다. 질병에 걸렸을 때는 보험금으로 지원해주고 사망했을 때는 남은 가족에게 도움을 주는, 보험의 가치를 정말 잘 담은 보험이라고 생각하기 때문이에요. 만나는 고객마다 '주민 번호당 필수로 가입해야 할' 상품이자 보험의 바이블이라고 자신 있게 말씀드리죠. 그런데 이렇게 우수한 상품의 가치를 저만 알아서는 안 되고, 고객에게 제대로 전달해드려야 하잖아요. 그래서 좋아하는 상품일수록 보험약관을 정확하게 공부하고 이해한 다음 고객에게 최선을 다해 설명해요. 고객을 설득하려면 자기 확신이 있어야 하는데, 저에게 그 방법은 공부를 통해 스스로 정확하게 아는 것이에요. 정확하게 꿰뚫었을 때 비로소 강한 자기 확신과 함께 고객에게 자신 있게 권할 힘을 얻게 됩니다.

.... 고객을 만나러 가는 가방 안에 '무배당 미리 받는 변액종신보험' 약관은 꼭 들어 있다는 김민정은 인터뷰 도중에 가방을 열어 책 한 권을 꺼내놓았다. 투명 테이프를 여러 번 덧대어 붙였음에도 너덜너덜한 흔적을 감추기 어려운 표지와 곳곳에 포스트잇, 인덱스를 붙여놓은 내지, 여기저기 적힌 메모까지 숱하게 뒤적거린 티가 역력한 그 책은 의심할 것 없이 '무배당 미리 받는 변액종신보험' 약관이다. 주말에 아이들을 데리고 도서관에 갈 때마저 보험약관을 들고 갔다는 그는 휴대전화는 잃어버려도 이 책은 절대 잃어버릴 수 없다며, 빛바랜 표지에 큼지막하게 전화번호를 써두었다.

최근에는 어떤 공부에 빠져 있나요?

STAR 350주를 달성한 후 한 템포 쉴 겸 혼자 호캉스를 한 적이 있었어요. 가기 전에 아무것도 하지 않고 오직 쉬었다 오겠다고 결심했는데, 막상 호텔에 있으니 공부가 하고 싶더라고요(웃음). 그래서 주변 사람들에게 메시지를 보냈어요. 사실 제가 다른 보험 대비 암보험에 대해 잘 몰랐어요. 그래서 이참에 암 관련 자료를 입수해 밥 먹는 시간 빼고는 암 공부에만 매달렸죠. 그 과정에서 덜컥 겁이 나고 무서워지는 순간이 많았어요. 암 발생률이 갈수록 높아져 이젠 둘 중 한 명에게 발생한다는 포스터를 보는데, 고객들 생각부터 났어요. 제 고객이 1,000명인데 그중 500명에게 암 진단 전화를 받는다고 생각하니 마음이 급해졌죠. 암 치료 방법은 진화를 거듭해서 표적 치료나 양성자 치료법 등이 등장했는데, 이런 고가의 항암 치료를 받기에 제 고객들의 암 진단금은 터무니없이 적겠다는 생각이 들었어요. 암 특약은 겨우 몇백 원에서 몇천 원 추가하면 가입 가능한데, 담당 보험설계사인 제가 업그레이드 시기를 놓쳐 고객이 필요로 할 때 제대로 진단금을 받지 못할 수도 있다고 생각하니 가만히 쉬고 있을 수가 없었죠. 암보험에 대해 잘 모르고 자신이 없을 때는 갖지 못했던 확신이 공부하고 나니 단단해졌고, 단단한 확신이 생긴 이상 고객을 만나러 가야겠다는 생각뿐이었죠.

19년 차 보험설계사로 오래 일할 수 있었던 비결은 무엇이라고 생각하세요?

멘탈 관리 아닐까요? 보험영업은 매 순간 멘탈을 부여잡아야 하는 일이라고 생각해요. 기본적으로 자기 확신에 필요한 공부에 집중하고, 이를 통해 고객에게 정확하게 설명하는 원칙을 지키는 것 말고도 꾸준한 운동으로 체력을 유지하는 게 중요해요. 체력과 정신력은 서로 연결되어 있으니까요. 그리고 번아웃의 기미가 보이면 그 덩어리가 커지지 않도록 그때그때 해소해야 해요. 저는 국내 해외 할 것 없이 즉흥적인 여행을 자주 다녔어요. 물리적으로라도 잠깐 일과 거리를 두면 리셋 상태가 됩니다.

여기에 하나 더 추가한다면 목표 의식입니다. 제 영업의 루틴인 STAR도 목표 의식을 갖기 위해서 시작했어요. 처음엔 무조건 사람들을 많이 만나는 데 의미를 둔 적도 있었어요. 일주일에 열다섯 명을 만난다거나 하루에 무조건 세 명을 만나는 등 만남 그 자체를 중시했죠. 하지만 일주일에 세 건의 계약이라는 명확한 목표를 세운 후에는 좀 더 알맹이가 있는 상담에 집중하게 되었어요. 이전에는 고객을 만나 세상 돌아가는 얘기만 실컷 하다가 돌아온 적도 있었지만, 목표가 분명해지면서 성과 또한 또렷해졌죠. 이러한 성장이 다음 단계로 나아갈 연료가 되어 어느덧 19년 차 보험설계사가 되었습니다.

남을 위하거나 이롭게 하는 마음인 '이타심'은 흔히 타인을 향한 마음으로 해석되지만, 티베트의 정신적 지도자인 달라이 라마는 '이타심은 곧 자신을 이롭게 하는 가장 최선의 묘책'이라고 했다. 실제로 영국 석세스대학 연구진이 1,000명이 넘는 참가자

송명희의

이타심

들을 대상으로 실험한 결과에 따르면, 이타심을 행사한 사람은 그렇지 않은 이에 비해 뇌의 특정 부위를 더 많이 활성화해 스스로 좋은 기분을 유도하는 것으로 나타났다.

송명희

증권사에서 근무하다가 보험업으로 옮겨 온 다소 드문 이력
의 소유자다. 2007년 12월 보험에 입문해 올해로 17년 차를
맞는 사이 줄곧 이타심을 영업의 밑바탕에 두었다. 오랫동안
상위 업적을 내면서 근무지인 대전은 물론 회사 전체에서 많
은 후배에게 모범이 되고 있다.

"곰곰이 생각해보다가 다음과 같은 결론에 이르게 되었어요. '보험업을 잘하려면 마음속에 기본적으로 이타심을 깔고 있어야 한다'라는 것입니다. 흔히 보험설계사로 좋은 성과를 내기 위해서는 '돈과 관련한 지식이 해박해야 한다' '부지런해야 한다'고 말하지만, 무엇보다 이타심을 가져야 이 일을 오래 할 수 있어요."

보험업 전에 증권사에서 일하신 걸로 압니다.

증권사에서 투자 상담사로 일했어요. 객장을 찾는 고객을 대상으로 상담하는 게 주 업무였죠.

증권사에서 보험업으로 옮겨 오는 게 흔한 일은 아니었을 텐데요. 계기가 있었나요?

둘째 아이를 낳느라 출산휴가를 쓰면서 복직에 대해 고민하게 되었어요. 아이 둘을 양육하면서 직장 생활을 하기가 아무래도 버겁겠다 싶었죠. 처음 생각한 대안은 프리랜서 투자 상담사였어요. 정해진 출퇴근 시간에 얽매이지 않으면서 일은 계속할 수 있으니까요. 그래서 몇몇 증권사를 염두에 두고 조건을 따져보던 중에 현재 제가 소속되어 있는 지점의 지점장을 만나게 되었어요. 그분과는 남다른 인연이 있었어요. 남편의 선배이자 우리 가족 담당 보험설계사였거든요. 증권사에서 일했던 제가 보험업에 선뜻 발을 들여놓을 수 있었던 데에는 이분의 영향력이 매우 크게 작용했어요. 그는 기자 출신답게 스마트하면서 논리 정연한 상담을 진행해 재무설계를 받을 때부터 신뢰를 갖게 했어요. 가입한 보험상품 관리 또한 철저해 만족도가 높았죠. 그런 그에게서 보험업을 제안받으니 한번 해보고 싶단 마음이 들었어요. 증권사 입사 동기인 남편도 '메트라이프생명이라면 전문성

면에서 해볼 만하지 않겠느냐'라며 힘을 실어주었죠. 다른 가족들의 반대도 없었고요.

적어도 가까운 이의 반대나 편견으로 인해 힘들었던 적은 없으셨군요.

고객을 만나 상담하면서 그제야 보험설계사에 대한 편견이나 선입견이 있는 이들이 적잖다는 걸 알게 되었죠. 하지만 크게 신경 쓰진 않았어요. 제가 마지못해 혹은 갈 곳이 없어서 이 일을 시작한 게 아니기 때문에 그에 휘둘리지 않을 자신이 있었어요. 보험업을 하다 보면 살면서 이러저러한 이유로 연결된 지인을 만날 일이 많은데, 곤란에 처할 법한 흑역사가 있는 것도 아니었죠. 사실 보험영업을 한다며 예전 친구가 만나러 오겠다고 하면 자연스레 그 친구와의 추억을 떠올리게 되잖아요. 그때 좋지 못한 이미지가 떠오른다면, 제아무리 번듯한 옷차림에 전문성을 갖추고 명함을 내밀어도 그다지 신뢰가 가지 않을 텐데, 저는 모범생에 교우 관계도 매우 원만한 편이었어요. 여기에 증권사에서부터 쌓아온 금융 관련 커리어가 깔려 있어서 보험업을 시작했다고 연락했을 때 전화를 받지 않거나 멀리하는 친구가 한 명도 없었어요. 그렇다 보니 성실하게 해나가다 보면 누구보다 빨리 자리 잡을 수 있으리란 믿음이 있었죠. 실제로 교육받은 대로 고객을 통해 다른 고객을 소개받으면서 꾸준히 성과를 늘려올 수 있었습니다. 무엇보다 시간이 갈수록 이 일은 누군가를 돕는 일이라는 확신이 생겨서, 타인의 주관적인 필터를 거친 시선이나 잣대 같은 건 아무런 문제가 되지 않았어요.

.... 자발적으로 시작한 일을 할 때도 예기치 못한 장벽이나 두려움은 파도처럼 덮쳐 온다. 그때마다 나아가게 하는 동력은 그것을 선택한 자기 자신과 이전까지 축적해온 자기 전문성에 대한 믿음이다. 송명희도 그것을 갖춘 사람 중 하나다.

크게 보면 금융이라는 카테고리로 묶이지만, 구체적으로 증권사에서 쌓은 커리어가 보험업에 어떤 도움을 주었는지 궁금합니다.

주식과 보험을 전혀 다른 금융 분야인 것처럼 생각하지만, 알고 보면 분명 연관된 부분이 있습니다. 변액보험이 출시된 이후에는 더욱 밀접하게 관련될 수밖에 없는데, 저의 증권사 커리어가 빛을 발하기 시작한 시점이기도 하죠. 가령 저는 변액보험이나 변액연금 관련해 변액펀드를 관리할 때 고객에게 전후 상황은 생략한 채 "펀드 변경하세요"라고 말하지 않습니다. 전반적인 주식 시장의 흐름을 짚으면서 왜 펀드 변경이 필요한지 충분한 설명부터 해요. 이처럼 증권사에서 쌓은 주식 시장을 보는 능력과 통찰 덕분에 더 전문적인 상담을 제공할 수 있었고, 고객으로부터 더 돈독한 신뢰를 얻을 수 있었죠.

.... 주식 투자의 귀재로 통하는 워런 버핏은 높은 타율을 올리기 위해서는 자신이 가진 '능력 범위(circle of competence)'를 명확히 파악하고, 그 범위 안에서 베팅해야 한다고 강조한 바 있다. 송명희는 증권사에서 쌓은 커리어를 자신의 능력 범위로 삼았고, 이를 통한 고유한 전문성으로 고객과의 관계에서 신뢰를 형성함으로써 계약 성사율뿐 아니라 유지율* 면에서도 탁월한 우위를 이어올 수 있었다.

슬럼프나 위기도 있었을 텐데 어떻게 해법을 찾았나요?

그렇습니다. 보험업을 하면서 맞은 위기는 외적인 요인에 의해 닥쳤어요. 2007년 12월에 보험업에 입문했는데, 이듬해인 2008년 금융 위기가 덮친 거죠. 공교롭게도 증권사에 다닐 때도 비슷한 경험을 했어요. 1996년에 입사했는데, 1997년에 전례 없는 외환 위기인 IMF가 터졌습니다. 그나마 다행이었던 건 신입 사원 시절이라 제가 감당해야 했던 리스크가 상대적으로 적었다는 점이에요. 보험업으로 옮겨 온 직후에 맞닥뜨린 금융 위기 때도 비슷한 상황이라 조금은 차분하게 대응할 수 있었어요. 특히 금융업 종사자로서 IMF로부터 우

---

* 보험계약의 완전판매도를 나타내는 지표로서 최초 체결된 보험계약이 일정 시간이 경과한 후에도 유지되는 비율

리 경제가 어떻게 회복했는지를 봐왔기 때문에 절망하지 않을 수 있
었지요.

·············· 증권사에서의 경험을 자신만의 빅데이터 자산으로 쌓은
　　　　　　송명희는 이를 통해 그때그때 필요로 하는 문제의 해답을
　　　　　　찾았다. 급락이 있으면 분명 급등이 있다는 것, 즉 위기가
　　　　　　곧 기회임을 경험으로 터득했던 그는 자신 있게 고객을
　　　　　　안심시키며 위기를 극복해냈다.

**올해로 17년째 보험업을 이어오고 계시는데요. 꾸준히 계속할 수 있
는 보험의 매력은 무엇입니까?**

　간혹 보험업 종사자들을 은행이나 증권사에 다니는 이들보다 낮
추어 보는 사람들이 있어요. 증권사에 다닌다고 하면 투자 능력이나
수익 창출 면에서 유능하고 전문적인 자질을 갖추었다고 생각하면서
도 보험설계사에게는 그렇지 않죠. 그런데 증권사 관점에서는 '고객
에게 수익을 많이 만들어주는 직원'보다 '고객으로 하여금 수수료를
많이 쓰게 하는 직원'을 우선순위에 둡니다. 기본적인 구조가 이렇다
보니 고객과의 관계는 보통 상담할 때 관련 정보를 제공하는 것에서
그치게 됩니다. 그 이상 밀접한 관계가 형성되긴 어렵죠. 주식 시장의
오르내림에 따라 증권사 직원을 대하는 고객의 온도 차가 극과 극으

로 달라지기도 하고요. 반면 보험업은 고객과 오래 만나면서 관계의 밀도가 더 높아지고, 궁극적으로 제가 하는 일이 고객을 돕는 일이라는 생각이 강해져요. 그래서 시간이 갈수록 이 일을 좋아하게 됩니다.

·············· 돈 욕심은 없어도 고객 욕심은 확실히 있다고 말하는 송명희는 고객으로부터 '고맙다'는 말을 적어도 두 번은 듣고자 하며, 실제 이루고 있다. 주로 재무설계 프로세스에 따라 고객 인생 전반의 컨설팅을 해주었을 때 한 번, 중간에 보험금 지급 상황이 발생했을 때 혜택을 제공하면서 또 한 번 듣곤 한다. 그때마다 보험업에 대한 보람을 느낀다는 그는 이처럼 고객이 자신에게 의지하는 상황이 버겁지 않다. 자신과 계약한 보험은 물론이고 타사 보험도 기꺼이 관리하며 보험금 청구까지 앞장서서 해결한다. 그래서 하루에도 여러 번 고객으로부터 '당신이 필요하다'는 신호와 연락을 받을 때가 많은데 이럴 때면 즉각적으로 응대한다. 고객 소개의 도미노는 이러한 것들이 쌓이고 쌓여서 일어난 현상일 것이다. 요즘 그가 설계한 재무 솔루션에 사인을 하는 고객들은 이렇게 말한다. 송명희를 만나서 자신의 미래는 걱정이 없다고.

날마다 바쁘실 것 같은데, 에너지 충전은 언제 합니까?

생각보다 잘 노는 편이에요(웃음). 출근해서 퇴근할 때까지 하루를 매우 촘촘하게 활용하고 있고, 부득이한 상황이 아니라면 저녁에 고객을 만나는 경우는 드물어요. 평일 저녁에는 운동 후에 마사지를 받고 가족과 시간을 보내죠. 주말은 오직 저만의 시간으로 세팅되어 있고요.

지금 같은 루틴은 보험업 입문 어느 정도 지났을 때 가능해졌나요?

입문 후 3~4년까지는 주말에도 일했어요. 지금 같은 루틴이 자리 잡기 시작한 건 피보험자 수가 300명가량 되던 시점이었던 것 같아요. 이쯤 되니 기존 고객들 상품 업그레이드할 필요성도 생기고, 여기에 고객의 가족이나 지인을 소개받는 일도 더해져 기본적으로 일주일에 세 건 이상의 계약은 어렵지 않게 이루어지고 있습니다.

보험설계사로서 어떤 그림을 그리고 있나요?

실적 면에서 목표치를 더 상향하기보다는 이 일을 지금처럼 계속하는 게 꿈이자 계획입니다. 다만 '어떻게 계속해나갈 것인가'에 대한 궁리는 계속해요. 가령, 제가 나이를 먹으면 자연스레 고객층도 연령대가 높아질 텐데, 접근할 수 있는 시장이 어떻게 변화할지 상상해보곤 합니다. 그래서 모임에도 열심히 참여하고, 골프도 자주 나가면서 시장 확대를 위해 노력하고 있죠. 예를 들어 좀 더 시간이 가면 제 고객들의 2세들을 타깃으로 계약을 할 수 있는 시점이 올 듯해요. 만 15세에 종신보험에 가입한 고객의 자녀들 상당수가 취업해 직장에 다니고 있거든요. 이들이 30대 중반쯤 되면 보험업에 적합한 인재들을 보험설계사로 선발하고 싶은 바람이 있어요. 이를 통해 신규 고객 발굴에 드는 시간을 줄여 VIP 위주로 관리하는 시스템을 정착시키는 그림을 그리고 있죠.

후배들에게 건네고 싶은 조언이 있을까요?

후배들에게 '우리가 하는 일은 평범한 사람들도 도전해서 특별해질 수 있는 일'이라는 이야기를 자주 해요. 물론 '평범'의 기준을 스스로 높게 책정해야 한다는 말도 빼놓지 않죠. 저는 아침에 출근하면 무슨 일이 있어도 퇴근 전에는 집에 가지 않아요. 일하는 동안에는 사적인 약속도 일절 잡지 않죠. 제가 생각하는 평범은 이런 걸 당연하게 여기는 거예요.

⋯⋯⋯⋯⋯⋯ 흔히 보험설계사라고 하면 진입 허들이 낮고, 시간상으로 자유로운 직업이라고 생각한다. 그래서 집안에 무슨 일이 생기면 '시간이 되는' 보험설계사가 떠맡는 경우가 적잖다. 송명희는 설령 비는 시간이 있더라도 이런 요구에는

원칙적으로 응하지 말라고 조언한다. 본인이 하는 일의 격을 스스로 격하시키지 않는 게 무엇보다 중요하기 때문이다.

　고객관리 관련해서는 고객이 보험을 생각할 때 가장 먼저 떠올리는, 고객에게 꼭 필요한 사람이 되어야 한다고 말해요. 그러자면 고객이 편하게 찾을 수 있고, 찾을 때 부담 없이 갈 수 있는 정도의 거리를 유지하는 게 좋아요. 그런데 대부분은 계약이 성사되면 '온전한 내 고객'이라고 착각하곤 해요. 2, 3년 동안 아예 안 만나는 경우도 허다하죠. 이런 설계사들의 계약서를 보면 실수로 특약을 빼먹은 경우도 좀 되고, 변액보험 관리를 제대로 하지 않아 곤란한 상황을 초래하는 일도 종종 생겨요. 제가 새로운 사람만 만나려고 하지 말고 지금 고객의 계약서부터 다시 한번 점검하라고 거듭 말하는 이유입니다. 그런데 이런 조언은 아무리 강조해도 잘 지켜지지 않는 경향이 있어요. 왜 그럴까, 곰곰이 생각해보다가 다음과 같은 결론에 이르게 되었어요. '보험업을 잘하려면 마음속에 기본적으로 이타심을 깔고 있어야 한다'라는 것입니다. 흔히 보험설계사로서 좋은 성과를 내기 위해서는 '돈과 관련한 지식이 해박해야 한다' '부지런해야 한다'고 말하지만, 무엇보다 이타심을 가져야 이 일을 오래 할 수 있어요.

　글을 잘 쓰려면 한 편이라도 온전히 완결된 글을 써봐야 하는 것처럼 계약도 금액이 많든 적든 최선을 다해 끝까지 관리해봐야 해요. 사람 하나, 계약 하나를 관리하지 못하는 사람이 100명, 200명의 고객을 유지할 수 있을까요? 이타심을 바탕에 깔고, 우선은 고객 한 명에게 집중해보는 태도가 필요합니다.

롱런(long-run)은 연극이나 영화의 장기 흥행을 뜻하며, 한 분야에서 지속성을 갖고 오래 몸담은 이들 앞에 수식어로 붙이기도 한다. 권투에서 챔피언이 여러 도전자를 방어한 끝에 선수권을 장기간 보유하고 있을 때 쓰는 말이기도 하다. 과거에서 시작

김형석의

롱런

해 현재와 미래를 아우르는 동적인 개념으로서 비즈니스와 경영에서도 매우 묵직한 무게를 갖는 단어. 지속적인 성장을 의미하는 롱런은 모든 조직과 브랜드의 공통된 바람이다.

김형석

2014년 보험업에 입문해 이듬해인 2015년부터 2018년까지
부지점장으로 우수한 실적을 거두었다. 2019년 지점장으로
승급한 후 지점의 빠른 성장을 이끌며, 떠오르는 MZ세대 젊
은 지점장으로 화제를 모았다. 확실한 기준을 통한 자기만의
법칙으로 롱런하는 조직을 꿈꾼다.

"분명한 건 지속성을 갖고 계속해 고쳐나가다 보면 자신만의 법칙이 생겨난다는 거예요. 제가 생각하는 롱런의 조건은 더 많은 돈, 더 많은 지점원을 거느리는 것이 아닙니다. 모두 함께 도전하고 이를 통해 배움으로써 지점원 모두가 그 사람이 아니면 안 되는 고유한 존재가 되는 것이지요. 그것이 롱런으로 가는 가장 안전한 길이라 생각합니다."

김형석의 롱런

MZ세대 젊은 지점장의 보험업 입문 동기가 궁금합니다.

한때는 건설사 사장을 꿈꿨어요. 건설 분야에 뿌리를 내리겠다는 건 아니었고요. '어떻게 돈을 벌 수 있을까'의 수단으로 건설업을 택한 것이었죠. 그래서 박봉에 철야가 일상인 건설 회사에 다니면서도 자재관리와 장부 정리를 자원해서 도맡아 했어요. 돈의 흐름을 파악하기 위해서였는데 결국 돈은 사장만 벌 수 있겠단 생각이 들더군요. 어떻게든 건설사 사장이 되어야겠다고 맘먹고 1년 동안 일요일 외에는 단 하루도 쉬지 않고 일했어요. 그렇게 어렵사리 1,000만 원을 모아 500만 원으로 1톤짜리 중고차를 사고, 남은 500만 원으로는 고물상을 돌며 자재를 사들였죠. 이후 3년 정도는 전국을 돌아다니며 자재를 수집해 수리해 되파는 중개상 일을 했습니다. 건설 경기가 호황이던 시절이라 수입이 괜찮았어요. 그런데 2013년 결혼을 하고 나니 직업에 대한 걱정이 커지더군요. 건설업은 유독 경기와 날씨의 영향을 많이 받아 수입이 일정치 않습니다. 이전까지는 무조건 돈을 많이 버는 것이 기준이었다면, 결혼 후에는 꾸준함이 중요한 기준이 된 거죠. 그즈음부터 직업에 대한 관점이 바뀌기 시작했어요. 앞으로 건설업 경기가 녹록지 않으리라는 예상도 고민을 부추겼죠.

·············· 김형석은 삶의 근경과 원경 사이에서 균형 감각을 잃지

고수의 언어

않으려고 노력한다. 당시 그는 매일 건설 자재들을 살피며 그 사이를 비집고 다닐지언정 때때로 시선을 숲에 두고 큰 그림을 보는 시간을 가졌다. 가령 그는 새 정부가 들어설 때마다 정책을 살피며 건설 경기의 앞날을 짚었다. 그리고 그에 맞춰 치밀하고 영리하게 전략을 수립해보곤 했던 것이다.

2014년 1월 무렵 대통령의 신년사를 듣자마자 앞으로 건설 경기가 내림세에 접어들겠단 예상이 들더군요. 본능적으로 '이제 그만해야 할 때'라는 감이 왔죠. 그때부터 다른 사람들은 어떻게 돈을 벌고 있는지 알아보기 시작했어요. 두 달 정도 경기도와 서울에 거주하는 선후배, 친구들을 닥치는 대로 만났습니다. 그들의 돈벌이를 들여다보면서 지금 제가 현실적으로 도전해볼 만한 일은 무엇일까, 하는 일종의 레퍼런스로 삼은 거죠. 그때 얻은 결론이 보험업이었어요. 건설업에 종사하며 건설사 사장을 꿈꾸고 도달했듯, 보험업을 시작하면서는 서른네 살에 보험사 지점장이 되는 것을 목표로 삼았어요. 실제로 1년 7개월 만에 부지점장이 되고, 그로부터 4년 후 지점장이 되었지요. 그때 나이가 딱 서른넷이었습니다.

일단 목표를 정하면 도달하는 속도가 매우 빠릅니다. 특별한 전략이

있습니까?

건설업을 할 때 틈새시장을 노렸듯이 보험업을 시작한 후에도 보험설계사들이 잘 가지 않는 곳을 가고, 일반적으로 영업 대상으로 삼지 않는 사람들을 만나러 다녔어요. 특히 건설업을 하며 주로 50~60대를 상대했던 경험을 살려 중장년층을 메인 타깃으로 삼은 게 보험 영업 초창기에 큰 힘이 되었죠.

.... 분야를 막론하고 포화 상태인 시장 환경에서는 빈틈을 파고드는 마케팅 전략인 니치 마케팅이 해법이 될 수 있다. 틈새를 뜻하는 '니치(niche)'는 이탈리아어 '니키아(nicchia)'에서 유래한 말로, '남이 모르는 낚시터'라는 은유적인 의미를 내포한다. 건설업에서 빈틈을 공략해 짧은 시기에 사장 자리에 오르는 경험을 쌓은 김형석은 보험업계로 포지션을 옮긴 후에도 보험설계사들의 시야와 관심권에서 비켜나 있는 대상에 주목했다.

지점장 승급 후 주목하는 시선이 적잖았을 텐데요. 어떤 지점장이 되고자 했나요?

지점장 초기에는 시행착오 속에서 후회하는 일이 잦았어요. 한꺼번에 네 명의 보험설계사를 그만두게 한 적도 있었죠. 다행히 점차 시야가 넓어지면서 이전에는 보이지 않았거나 몰랐던 부분이 선명해졌어요. 지점장은 지점 사람들을 위해 일해야 한다는 생각이 확고하게 자리 잡으면서 지점의 문화도 하나씩 손보기 시작했죠. 이를테면 보험설계사들을 가리킬 때 '직원'이라는 말 대신 '지점원'으로 고쳐 불렀어요. 지점장을 포함해 지점의 모든 구성원은 비즈니스 파트너인 만큼 상호 존중을 통한 대등하고 수평적인 관계로 서로를 대하는 노력이 필요하다고 생각했기 때문입니다.

·················· 일본의 심리학자 나이토 요시히토는 매일 입에 달고 살던 '말'을 조금 바꾸기만 해도 삶의 질이 달라진다고 말했다. 뇌의 신경계가 자신이 하는 말대로 회로를 구성하기 때문. 아닌 게 아니라 '직원'을 '지점원'으로 치환하는 간단한 말의 교정만으로도 지점의 분위기와 구성원들의 마인드에 적잖은 변화가 생겨났다고 한다. '직원'이란 말에 반사적으로 동반되던 '부하'라는 의미가 사라지고, 개개인이 지점의 어엿한 구성원으로서 좀 더 또렷하고 분명한 존재감을 가지게 된 것이다.

지점장으로서 중요하게 여기는 지점 운영의 원칙이나 룰이 있나요?

지점장을 포함한 모든 지점원이 서로의 일정을 공유하고 소통하

는 것입니다. 아울러 지점장이라고 해서 가만히 앉아서 보고만 받는
게 아니라 팀 미팅과 개인 미팅을 통해 만나게 될 고객에게 맞춤해 지
점원은 무엇을 준비해야 하는지 알려주고, 혹여 지점원이 어려움을
겪고 있는 게 있다면 무엇인지 파악해 팁을 주죠. 고객을 만난 후에도
어떻게 했는지 이야기를 들은 다음 도움 될 만한 리뷰를 제공합니다.
좋은 관리자는 지점원에게 그저 듣기에 좋은 말을 해주는 사람이 아
니라 핵심을 파고드는 전략과 계획을 세워 영업력을 강화해주는 역
할을 해주는 사람이라는 생각에서죠.

·············· 김형석은 기민함과 스마트함을 겸비한 MZ세대답게 조직
의 시스템을 효율적으로 활용할 줄 아는 지점장으로 통한
다. 즉 데이터에 기반한 메트라이프생명의 조직 관리 시
스템 '석세스 휠(Success Wheel)'을 활용해 지점 보험설
계사들을 체계적으로 관리하고 지원한다. 보험설계사의
선발부터 교육, 영업 관리 등 육성 시스템을 단계화한 석
세스 휠을 통해 지속적인 성장을 꾀하는 선순환 시스템을
구축한 것이다. 이처럼 검증된 시스템으로 개개인의 역량
을 키워 결과적으로 조직의 내실을 단단히 하고 외연을
확장한 그는 최근 지점원을 위해 지점 위치를 수원으로
옮겼다. 조직의 구성원인 지점원이 필요로 한다면 활동

중심축도 기꺼이 이동하는 담대함과 적극성을 발휘한 것이다.

지점의 위치를 바꾸는 게 쉬운 결정은 아니었을 것 같습니다.

지점은 서울에 있지만 지점원 대부분의 거주지와 활동처는 경기도에 있었어요. 단지 지점으로 출퇴근하기 위해 매일 두 시간 이상을 이동하는 데 써왔던 거죠. 그래서 지점을 경기도로 옮겨 좀 더 영업에 집중할 수 있는 환경을 만들어주고 싶었어요. 물론 지점 이동을 계기로 지점을 전국적으로 알리고 확장해 더 큰 조직으로 성장시키겠다는 의지도 깔려 있죠.

보험업을 시작하려는 이들이 가장 중요하게 여겨야 할 게 있다면 무엇일까요?

2023년 1월 현재 제가 이끄는 지점은 42명이 속한 조직으로 성장했습니다. 물론 처음부터 지금 같은 규모는 아니었어요. 제가 막 지점장으로 승급했던 2019년에는 지점원이 스물네 명이었고, 처음 부지점장이 되었던 2015년에는 세 명의 팀원이 전부였죠. 확신과 의욕으로 시작하지만 오래되지 않아 사라지는 스타트업이 무수하기 때문인지 우리 팀이 지금의 규모로 커질 거라고 말해준 사람은 아무도 없었어요.

저는 이제 막 보험 비즈니스에 합류한 이들에게 눈앞의 좁은 세상을 보는 대신 큰 그림을 그리면서 함께 오랫동안 일하는 것을 목표로 하라고 말하고 싶어요. 어느 분야에서든 비즈니스에서는 오래 살아남는 자가 승자입니다. 다만 롱런하기 위해서는 무질서하게 드나드는 감정을 제어할 수 있는 본인만의 룰과 시스템이 있어야 해요. 확실한 기준이 없으면 스스로 의심하게 되고, 기복에 따라 비즈니스도 흔들릴 수밖에 없기 때문이죠. 물론 초창기에는 룰이나 시스템이 완벽할 수 없어요. 계속 수정과 보완을 거듭해야 해요. 분명한 건 계속해 고쳐나가다 보면 자신만의 법칙이 생겨난다는 거예요.

제가 생각하는 롱런의 조건은 더 많은 돈을 벌고, 더 많은 지점원을 거느리는 것이 아닙니다. 모두 함께 도전하고 이를 통해 배움으로써 지점원 모두가 그 사람이 아니면 안 되는 고유한 존재가 되는 것이지요. 그것이 롱런으로 가는 가장 안전한 길이라 생각합니다.

고수의 언어

'교감'은 감정을 교차시키는 것을 말하며, 최근에는 '커뮤니케이션'이라는 말과도 호환이 가능하다. 사람은 누군가와 정서적인 공감대, 즉 교감을 나누는 데에서 커다란 위안을 얻는데, 사람과 사람 사이뿐만 아니라 동물·식물 등을 가까이 두는 것도 교감에 대한 결핍을 채우려는 본능으로 해석할 수 있다. 최근 넷플릭스의 리얼리티 예능 프로그램 〈더 서클-미국 편〉은 우리가 교감에 이르는 과정을 여실히 보여준다. 이 프로그램은 참가자 여덟

홍선미의

교감

명이 실제로 만나지 않고 온라인상에서 대화를 주고받은 후 최
종적으로 '인기 있는 한 명'을 선발하는 과정을 담았다. 인기 있
는 한 명에게는 10만 달러가 주어진다. 온라인상이므로 얼마든
지 상대에게 자신을 포장하고 속일 수 있었지만, 가장 인기 있는
1인은 솔직하게 자신을 드러내고, 공감력을 발휘해 충분히 상대
와 교감한 출연자였다. 그는 가면은 쓸 수 있을지언정 교감에 이
르는 진심은 기침처럼 숨길 수 없다는 메시지를 남겼다.

홍선미

오랜 기간 교육 분야에서 일하다가 2008년 보험업에 입문했고, 이후 매년 진행되는 우수설계사 시상식의 수상자 명단에 계속 이름을 올리고 있다. 전 세계 보험인의 명예의 전당인 MDRT의 종신회원이자 기본 자격의 3배 이상을 달성했을 때 주어지는 COT 멤버이며, 생명보험협회에서 인증하는 우수인증설계사에 13년 연속 선정되었다. 고객과의 교감을 통해 공감을 끌어냄으로써 남다른 성과를 올리고 있다.

"고객과 마주 앉으면 그 순간에 온전히 집중하려고 노력해요. 휴대전화 전원을 끄고, 의자를 바짝 끌어당겨 상대방에게 집중합니다. 제가 이 순간을 매우 소중하게 여기고 있으며, 지금 이 자리에서 주고받은 진심 어린 교감을 오래 간직하려고 한다는 것을 고객이 느낄 수 있게끔요."

스타일이 매우 좋으세요. 특히 헤어 컬러와 스타일에 시선이 갑니다.

스물다섯 살부터 거의 변함없이 유지해온 헤어 스타일이에요. 달라진 게 있다면, 예전엔 검은 머리였지만 지금은 연갈색으로 염색했다는 정도지요.

.... 전주에서 고속버스를 타고 서울 강남의 약속 장소에 도착한 홍선미는 피로한 기색은커녕 금방 숍에서 전문가의 스타일링을 받고 나온 양 도시적이고 세련된 인상을 풍겼다. 노랑에 가까운 연갈색 쇼트커트에 은테 안경, 여기에 단정한 핏의 옷차림까지 어디 한 부분 군더더기라곤 없어 보였다.

보험설계사 이전에 어떤 일을 하셨는지 궁금하지 않을 수가 없네요.

저는 강원도 탄광촌에서 태어났어요. 여섯째 딸이자 막내였죠. 제가 다섯 살 때 아버지가 돌아가시는 바람에 어머니 혼자 어렵게 살림을 꾸렸는데, 어머니는 교육의 중요성을 귀가 아플 정도로 강조했어요. 그 영향인지 언니들 대부분이 교육 분야에 몸담게 되었고요. 저 또한 자연스레 교육 현장에 스며들어 무려 16년간 일했네요.

교육 분야에서는 좀 더 구체적으로 어떤 일을 하셨나요?

시작은 야학이었어요. 아이가 태어날 때부터 몸이 약해서 제주로 이사했어요. 그곳에서 제 아이와 작은 분교 아이들을 위해 야학을 열고, 저녁 6시부터 10시까지 영어를 가르쳤어요. 제주에서 초등 교육 과정을 모두 마치고, 아이가 제도권 교육에 합류해야 할 시점에 맞추어 다시 육지로 나온 후에는, T영어나 H교육 같은 아이들 대상 학습지 교육 기업 소속으로 일했어요. 한때 두 개의 지사를 운영할 만큼 열정적이었죠.

⋯⋯⋯⋯⋯⋯ 대리부터 과장, 차장, 부장을 거쳐 T영어의 지사 운영까지 단계적으로 밟아 올라간 홍선미는 기세를 몰아 한때 두 개의 지사를 운영했다. 수년간 전국 1위를 놓치지 않았던 그는 담당 지역은 물론이고 전국의 영어 강사를 교육하고 육성하는 전국 강사의 역할로까지 영역을 넓혀나갔다. 그의 활약은 H교육으로 스카우트된 다음에도 꾸준히 이어져 H교육 내에서 '전설'로 일컬어졌을 정도. 그는 이처럼 최고의 정점에 있을 때 스스로 고지를 내려와 자기 삶의 지도에 이전에는 없던 '보험업'의 길을 새롭게 냈다.

한 분야에서 최고의 자리에 오르기도 어렵지만, 힘들게 오른 정상에

서 스스로 내려오는 건 더욱 쉽지 않았을 것 같습니다.

오래 무리해서 일하다 보니 마흔이 넘어가면서 몸이 '쉬어야 한다'는 신호를 보내왔고요. 리더로서 무거운 책임감을 내려놓고 싶은 마음도 컸어요. 그래서 어느 날, 제 발로 보험회사를 찾아가 상담하고 그날부터 교육받기 시작했죠. 고민은 깊이 하되, 일단 결심이 서면 스스로 되돌아갈 다리를 불태우고 그다음 단계로 직진하는 편입니다. 보험업을 시작한 후에는 제 삶의 철학을 잘 이해하고 사랑해주며 깊은 신뢰와 의리로 맺어진 지인들을 보험인의 길로 안내하여 지금껏 따스한 동행을 하는 중입니다.

완전한 리셋이었나요? 아니면 이전 일과 연결되는 지점이 있었나요?

직업적으로는 완전한 리셋이었지만, 제가 일해왔던 방식, 특히 사람을 대하는 방식은 분명히 이어지는 지점이 있었어요. 기본적으로 저는 사람 만나는 일에 두려움이 없어요. 누구도 허투루 대하지 않고 진심으로 깊이 사귀려고 노력하지요. 보험 활동을 하면서도 지금까지 사람을 대해온 방식 그대로 고객을 대하면 가능하지 않을까, 하는 확신과 자신감이 있었어요.

실제 고객 상담에서도 통했는지 궁금합니다.

분야를 떠나 사람 만나는 일은 교감을 나누는 게 무엇보다 중요하

고수의 언어

다고 생각해요. 보험상담에서도 마찬가지죠. 사실 제가 숫자에 매우 약합니다. 그래서 고객과 상담할 때 숫자를 전면에 꺼내놓질 않아요. 제 이야기 속에 숫자가 등장하는 일도 거의 없죠. 대신 이렇게 인터뷰할 때처럼 고객과 마주 앉으면 그 순간에 온전히 집중하려고 노력해요. 휴대전화 전원을 끄고, 의자를 바짝 끌어당겨 상대방에게 집중합니다. 제가 이 순간을 매우 소중하게 여기고 있으며, 지금 이 자리에서 주고받은 진심 어린 교감을 오래 간직하려고 한다는 것을 고객이 느낄 수 있게끔요. 그래서인지 보험 활동을 해온 16년간 거절의 경험이 거의 없어요. 천 명을 만났다면 그중 저의 제안을 거절한 고객은 열 명 정도일 겁니다. 제 고객의 90퍼센트 이상은 소개로 맺어졌는데요. 깊은 신뢰를 바탕으로 동아줄과 거미줄처럼 단단하게 결속된 관계라 자부합니다.

보험상담을 숫자 없이 하신다는 게 신선합니다. 숫자 대신 꺼내 쓰는 필살기가 있다는 의미겠지요?

스토리입니다. 저는 미래에 겪을 수도 있을 일들을 이야기하며 고객과 깊은 교감을 나누곤 해요. '아마도' '혹시' '만약에' 같은 가정형 부사를 동원해 고객이 상상해볼 수 있는 미래의 어떤 지점을 이야기의 소재로 삼아요. 예를 들면 '아마도 그럴 일은 없겠지만, 만약에 2년 후쯤 더 이상 사랑하는 아이를 보지 못하는 상황이 되면 고객께서는 아이에게 무엇을 남기시겠어요?' 같은 화두를 던지는 거죠. 그런 다음 고객의 이야기를 듣고, 그와 맥락을 같이하는 저의 이야기도 진솔하게 들려줍니다. 고객과 저만의 공통적인 유대를 형성한 다음에는 고객에게 약속해요. 고객에게 도움이 필요할 때 그 자리에 있을 것이며, 고객을 끝까지 지킬 것이며, 이를 위해 할 수 있을 때까지 이 일을 오래오래 계속하겠다는 약속이죠. 이렇게 하면 굳이 숫자를 등장시키지 않고도, 오직 스토리의 힘만으로 고객에게 니즈를 환기해주고 청약까지 받을 수 있습니다.

··············· 홍선미는 숫자 없는 RP(role play)*로 일찍이 주목받았다. 제1회 사내 RP 콘테스트에서 대상을 받았던 그는 기승전결은 물론 클로징 멘트까지 해야 하는 35분간의 RP 미션에서 64강으로 시작해 최종 1인으로 남았다. 흔한 숫자 하나 없이 감동과 교감으로 마음을 건드린 스토리텔러의 우승이었다. RP 관련 일화는 또 있다. 보험실전 교육을 마치고 그가 RP 연습을 한 대상은 학습지 교사 시절의 동료 두 명이었다. '혹시 잘못된 부분이 있으면 알려달라'는 말과 함께 RP를 시작한 지 얼마나 되었을까. 그에게는 리허

---

* 설계사가 고객 상담 상황을 가정하고 화법을 연마하는 훈련 방식

설이었으나, 모니터링을 부탁받은 전 직장 동료 둘은 어느새 고객 모드로 전환해 눈물을 흘리고 있었다. 그들은 그날 그 자리에서 나란히 홍선미의 1, 2호 고객이 되어주었다.

고객층은 주로 어떻게 형성되어 있습니까?

제 고객들은 주로 낮은 금액으로 보험을 계약하신 분들로 채워져 있어요. 계약 건수가 많은 대신 2·3·4만 원대 계약이 대부분을 차지하고 있죠. 가장 큰 계약이 월납 200만 원 정도예요. 생활이 여유롭지 않은 이들은 삶에 작은 리스크만 생겨도 휘청하잖아요. 그 작은 구멍을 메우는 게 제 역할이라는 사명감을 느끼고 있어요. 그래서 아무리 작은 계약이라도 최선을 다해 상담하고요. 제 고객이 되면 월 1만 원이든, 월 200만 원 계약 고객이든 구분 없이 같은 선물을 드리며 동등하게 관리합니다. 현재 1,000명이 넘는 고객은 이런 점을 인정해주셨고요. 그것이 유지율** 98퍼센트라는 신뢰로 나타났을 겁니다.

고객 대상 특별한 이벤트를 하신다고 들었습니다.

매주 세 건 이상의 계약을 체결하는 STAR를 미션으로 삼았을 때

** 보험계약의 완전판매도를 나타내는 지표로서 최초 체결된 보험계약이 일정 시간이 경과한 후에도 유지되는 비율

시작한 이벤트인데요. STAR 달성을 응원하는 카드 이벤트를 했어요. 제가 'STAR ○○주 달성을 응원해달라'는 내용의 카드와 함께 반송용 우표를 붙인 빈 카드 한 장을 고객에게 보내면, 고객이 빈 카드에 응원 메시지와 함께 소개해줄 만한 지인의 이름과 연락처를 적어 저에게 다시 보내주는 방식이었어요. 이벤트에 참여한 일부 고객에게는 유명 관광지에서 특별한 추억을 만들 수 있도록 추첨을 통해 무료 숙박권을 제공했지요. 이벤트 초창기에는 사람들이 알 만한 리조트를 분양받아 고객 이벤트 선물로 활용했지만, 지금은 좀 더 많은 고객에게 자주 이벤트를 제공하고 싶어서 직접 펜션과 게스트하우스를 운영하며 고객들을 초청하고 있습니다. 고객 반응도 갈수록 뜨거워져 STAR 50주 때 여섯 명에 불과했던 참여 고객이 300주 무렵에는 100명 가까이로 늘어났으니, STAR 300주 기록은 이벤트의 힘이었다고 해도 과언이 아니죠.

지점이나 회사 차원의 시책 같은 이벤트도 적극 활용하시나요?

이벤트를 꾸준히 해왔지만, 모든 이벤트를 활용하는 건 아닙니다. 오히려 절제하는 쪽에 가깝다고 말하는 게 맞겠네요. 16년 넘게 보험업을 해오면서, 지점이나 회사 차원의 영업 방향이나 시책 등이 내려왔을 때, 그에 맞춰서 활동하기보다는 이에 휩쓸리지 않고 저만의 속도와 방향을 지키려고 노력했죠. 이유는 단 하나예요. 제 고객에게 맞

고수의 언어

지 않는다고 생각하면 하지 않은 거죠. 저는 고객과 깊은 교감을 나누길 원하기에, 고객을 귀찮게 하거나 부담스럽게 하는 것과는 확실히 선을 긋는 편이에요. 그래서 어떤 시책이 나왔을 때 저의 이익을 위해 서두르거나 무리하게 진행하지 않으려고 노력을 많이 해요. 대신 제 고객의 성향과 형편에 맞는 저만의 맞춤 이벤트를 그만큼 더 많이 시도 합니다.

끝으로 처음 인사 나눌 때 '유채꽃 같은 여자'라고 자신을 소개하셨는데, 어떤 의미인가요?

제주에 가면 자주 보이는 유채꽃은 한 송이만 딱 피어 있으면 예쁜 줄 몰라요. 여러 송이가 한데 어우러져 피어 있을 때 가장 아름답죠. 유채꽃은 버릴 게 하나도 없는 식물이기도 해요. 줄기와 잎을 무쳐낸 유채나물은 봄이면 입맛을 돋워주고, 꽃씨를 짠 유채 기름은 우리가 매일 요리할 때 쓰잖아요. 그런데 어느 순간 저도 딱 유채꽃처럼만 살면 좋겠단 생각이 들더라고요. 저는 보험을 단 한 순간도 영업으로 생각해본 적이 없어요. 돈을 남기는 게 아니라 사람을 남기는 일이라고 생각하기 때문이에요. 그런 의미에서 보험을 통해 만난 사람들과 유채꽃처럼 서로 어울려 살면 좋겠고요. 이렇게 여러 쓸모를 지니다가 씨앗까지도 남김없이 필요한 곳에 쓰이는 삶이길 바라는 마음에서 '유채꽃 같은 여자'라 소개하고 있습니다.

마지막으로 소원이 있다면 제가 생을 마칠 때 가장 사랑하는 사람 100명에게 '당신 덕분에 행복했다, 고맙다'라는 말을 듣는 것입니다. 저의 부고장과 함께 '딩동! 유채꽃 같은 여자 홍선미 씨가 참 애쓴 당신을 위해 100만 원의 행복 자금을 입금했으니, 지금 여행을 떠나세요~ 안녕'이라는 메시지를 남기고 싶어요.

고
수
의
언
어

초판 1쇄 인쇄 | 2023년 5월 2일
초판 1쇄 발행 | 2023년 5월 9일

지은이 | 정은영
발행 | (주)조선뉴스프레스
발행인 | 이동한
편집인 | 전범준
기획편집 | 이일섭
디자인 | 김경배
판매 | 박경민

편집문의 | 724-6754
구입문의 | 724-6796
등록 | 제301-2001-037호
등록일자 | 2001년 1월 9일
주소 | 서울시 마포구 상암산로 34 DMC 디지털큐브 13층(03909)

값 15,000원
979-11-5578-497-6 03100